U0568070

阅

阅读成就梦想……

Read to Achieve

销售人的情商课

用感染力实现客户的成功转化率

CONTAGIOUS SELLING

How to Turn a Connection into a Relationship that Lasts a Lifetime

[美]大卫 · 里奇（David A. Rich）著
李真真 译

中国人民大学出版社
• 北京 •

前言

PERFACE

我的岳母一直以来不能忍受这样一个事实，那就是她的女儿嫁给了一个推销员。在25余年的时间里，我不得不忍受着她那关于销售人员是何等可恶的哀叹。她说隔着1英里远就能认出销售人员。她认为他们傲慢无礼、固执己见、自私自利、很容易被识破，而且弄虚作假。她不喜欢他们的高谈阔论，并且对他们设法成交买卖的行为嗤之以鼻。她对这样的兜售行为会感到很有压力。我认为，她宁愿赤身裸体在大街上跑，也不愿和一个销售人员打交道。由此可见，她对销售人员的憎恶有多么深！你知道吗？在极大程度上，她其实是对的。

我知道，你此刻肯定在想，我正在因为几个害群之马而泛化、谴责整个销售职业。这一点我承认，但是有太多的（而且每天有越来越多的）销售人员符合我岳母的偏见。几个害群之马就足已形成人们对销售人员负面的整体印象。拿律师来说，大多数律师是可敬且诚实的。但是，也有少数律师逾越了道德界限，这就足以让普通大众产生警戒、怀疑。

或许我对销售人员的困境过度敏感，这不仅因为我是其中的一员，更是因为我在自己近四分之一的人生中都在教授销售技巧。据最佳估计，在我的职业生涯中，我已对超过50万的销售人员进行过培训。我提及此事并不是吹嘘，而是为我论述下一观点做铺垫。当下，世界已经发生了改变，销售比以往任何时候都要困难得多。过去可行的事情如今未必可行。30年前所采用的销售技巧只会令今天的客户感到厌烦。客户在数秒之内就能看出你的伪善，因此，要想与他们建立关系比以往更加困难了。

造成这种局面的原因有很多。首先，科技使得与人们建立联系更加困难了。商业已变成了一封传真、某人语音信箱里的留言或者一封邮件。面对面的沟通与交流正在变得越来越稀少。我发现自己几乎每天都在为此感到不安。但自己却也希望收到别人的语音信息，这样我就可以很快且毫不费力地给他留言。我称此为“漫无目的的融洽关系”：打电话、接电话、然后下一个电话。科技或许已使事情变得更快速、更简单了，但是对于建立和维持与客户的融洽关系和忠诚度来说，却是致命伤。

其次，销售之所以变得困难的另一个原因在于当前经济的性质。商家变得更加吝啬、更精明了，他们对于金钱的关注度也比以往任何时候都更高了。

最后，就是愈演愈烈的竞争。我小时候，在宾夕法尼亚州的阿伦敦生活时，每一个年龄在5到85岁之间的男性都会去镇上的同一家理发店。我依然还记得我的祖母带我去古老而美好的“盲人查利”理发店剪头发。当然，查利并不是真的盲人。他得到这个外号是因为到那里去剪头发（或者给老家伙们剃须）的每个人都会流着血走出理发店。当时在我们孩子中流传着这样一个笑话，那就是我们可以根据他脖子后面伤口所结的痂分辨出谁刚理了发。我们那时并不在乎！这仿佛是剪发的一部分，而且查利每次都会在最后给我们一袋糖果，以示安慰。我们也都盼望着得到糖果。但是，如果今天有人在给我们的孩子剪发时弄破了他的脖子，那会发生什么呢？至少我们会暴怒，有些人甚至会诉诸法律行动。

时代已经变了。在过去，查利是镇上唯一的理发师，我们都很了解他。今天，在我家方圆5英里之内（我住的镇比阿伦敦小得多），至少有十几个地方可以理发。这里有18家银行、6家杂货店、8家干洗店，还有无数家餐厅。这样你大概就知道竞争有多激烈了。客户比以往拥有了更多的选择。

销售日益变得困难了，而其中最大的原因是消费者变得更加精明了。相比从前，他们可以获得更多的信息。在许多案例中，消费者比销售人员更了解所要销售的商品。

我将会在整本书中对此进行讨论，我只能说，销售已不同以往了。以前典型的上门推销已经不复存在了，他们曾经把货物放在旅行车的后面叫卖。现在，销售和关系是同义词。一个销售人员是否优秀，完全取决于他或她与客户所建立的稳固关系的质量、数量和速度。而且，几乎每一种职业都是如此。商家的成功和它建立的关系的质量、数量和速度也直接成正比。但这并不是仅关乎商业运作，个人的成功也是如此。

我的岳母没有认识到，我们每个人都是销售人员。我们都有要销售的东西，那就是我们自己和我们的欲望。任何一个曾与他人约会过的人都是一名销售人员，任何一个曾交过新朋友的人都是一名销售人员，任何一个曾说服过别人去看某一部电影或去某家餐厅的人都是一名销售人员。结婚无疑就是终极销售，孩子就是自然出生的销售人员！我的女儿可以在她想要吃冰激凌的时候，向她的妈妈和我兜售购买冰激凌蛋卷的想法。不管是约会、为人父母、婚姻、友情还是偶然的邂逅，我们与对方建立联系并吸引对方的能力在其中发挥了关键作用。

销售可以说是一部职业罗曼史。销售需要吸引他人，但这种吸引不是个人意义，而是职业意义上的吸引。如果一个人傲慢无礼、爱摆布他人或者一意孤行，就像我的岳母所遇到的那些销售人员那样，那么他与客户建立关系的可能性就几乎为零，更不可能吸引他人了。但如果这个人真诚、真实可靠而且目标明确，那么他便有可能与客户建立关系，继而有可能实现一笔交易。简而言之，就是销售人员必须具有感染力。

这便是这本书中要谈到的核心内容：吸引顾客并通过自身感染力与他们建立真正的关系。浪漫并非仅适用于情侣，它同样适用于所有需要成功发展的关系。如果你不继续努力发展与客户之间的关系，那么即便你之前很有感染力，这种感染力也会逐渐削弱。这就是大多数销售人员，而且很坦白地说，也是大部分销售书籍和演讲的不足之处。销售不是一场游戏，销售只是商业关系的开端。如同约会一样，销售只是第一阶段。之后，便是艰难地建立关系的过程。商业关系就像私人关系一样，会时好时坏，有起有伏。它们也会经历危机。但是，我们经常会把销售看作是一场交易而不是一种关系的维护，这就是为什么关系难以在销售之后，甚至是销售过程中继续发展的一个重要原因。当我们的目标是使自己真正具备感染力的时候，我们的目标其实就是销售。

因此，如果你尚未迈入商业关系的游戏中，那你不妨整理好发型、拿出一块儿薄荷，然后坐在你最爱的阅读专用椅上去思考一些有关如何吸引顾客、培育长久的商业关系的全新想法。销售的基本内容可能是一成不变的，但是人们理解和接受这些基本内容的方式却已是今非昔比了。

目 录
CONTENTS

01

时过境迁，销售拼的不再是技能而是情商

CONTAGIOUS SELLING

HOW TO TURN A CONNECTION INTO A RELATIONSHIP THAT LASTS A LIFETIME

消费者时代的到来

当我在 30 多年前开始做销售的时候，情况和现在完全不一样。当然，销售的基本内容几乎没有什么变化。我认为，做一个好的倾听者、询问有价值的问题、做有效的展示以及争取相关业务这些基本内容将会一直保持不变。它们还会和以往一样重要。然而，在过去的 30 年里，销售和关系构建方面发生的微妙变化已经大大改变了这场游戏的规则，而其中最大的变化就是建立和维持忠诚的关系变得更加困难了。

随着我们所处的世界的不断变化，销售方式也在发生日新月异的变化。当今的经济和商业世界与罗纳德·里根总统在位时相比简直是天差地别。如今资源更珍贵了，财政预算也更紧张了，各商家的运作也更精简、更吝啬了。在全球经济中，我们所生活的世界正在变得越来越小。口碑无论好坏，都比以往传播得更远、更快了，竞争更加激烈了，客户的选择也更多了，各商家也变得更聪明了。然而，商业世界中最大的变化是客户的变化！客户比以前更愤世嫉俗、更多疑，也更精明了，而且他们可以获得的信息比以往任何时候都多。所有这一切都导致了客户忠诚度急剧下降。当今，所有行业的客户忠诚度都处在历史上最低点。与此同时，客户期望值却在不断飙升。毋庸置疑，商业历史上的这段时期将会被人们称为“消费者时代”。让我解释一下我们是如何得出这个结论的。

两个主要因素导致了消费者时代的崛起。第一，消费者选择面的急剧扩大。根据美国统计局的数据，1992 年时只有不到1 150万户的商家上报了工资税。但截至 2008 年，这个数字已经上升到1 650多万，而且这个数字并不包括那些没有工资税的互联网风险投资以及各网商。在我现在居住的美国南部小镇，方圆 5 英里之内至少有 18 家银行、6 家主要的杂货店（不包括便利店）、8 家干洗店，还有数百家可以就餐的地方。所有这些都存在于一个人口不足18 000人的镇上！我甚至不能想象，如果是在大城市，这些数字会是怎样的。当然，这还没有把每天都在不断增加的不计其数的网店选择包括在内。由此可见，镇上只有一个商人的时代早已结束了。消费者拥有他们之前从未有过的选择，这也提升了客户的期望值。如果一个地方满足不了他们的需求，他们知道他们还有很多其他的选择。

第二，也是更重要的一个因素，那就是科技的高速发展。商家数量急剧上升的一个原因在于现代企业的营销比以往更容易了。在过去，一个商家必须拥有一个门面，或许还要在当地报纸上刊登一两则广告，然后等待口碑扩散。而今，甚至在门店开张前，营销就已先行，口碑也以前所未有的速度在市场上传播。同时，科技的应用也对客户关系的建立产生了深刻的影响。30 年前，商人必须依赖他们的销售代表获取信息，各商家也指望那些帮他们出售货物和服务的人，销售代表因此也就成了大家庭中的一分子。

当我还是一个小男孩的时候，我们家和我们的理发师、银行家、牙医、送奶工（没错，我说的就是送奶工）以及其他很多卖给我们商品的人关系都很密切。当下，即便在最理想的情况下，这些关系都是十分脆弱的。我们中的大部分人甚至不知道我们银行分行经理的名字，更别提与他建立密切关系了。科技已经取代了人们建立许多关系的必要性。当下，每位商人只需通过网络、电话、传真、电子邮件、或者甚至是短信就可开展业务。销售代表漫步到客户的公司去获取订单、侃大山的时代即将不复存在。

这让我想起了一则古老的美国联合航空公司的广告，广告中销售经理走进销售会议室宣布公司刚刚失去了它最长久、最好的客户。他谴责科技，声称科技已使商业变成了一封传真、一则语音信息。接着他告诉他的部下，他们需要再次和客户面对面沟通，因此他向每个人分发了机票。当他转身正要走出会议室的时候，有个人大喊道：“老板，你要去哪里？”他回答道，他要去拜访那位他们刚刚失去的老客户。

这是一则伟大的广告，也非常具有预言性。这则广告是在20世纪90年代初期播报的。当下，情况甚至更糟了！传真近乎要消失了，已经被更缺乏人情味的短信、微信取代了。既然可以发短信和微信，那我们为什么要打电话呢？既然我们可以浏览文件然后发邮件，那么我们何必要亲身拜访呢？既然我们可以在Facebook上相互问候，那么我们何必要顺路探访去说声“你好”呢？尽管我在论述建立关系的重要性，但我发现，每当电话响的时候，我自己其实还是希望收到的是对方的语音，因为这样我就可以留言或者在Facebook上给他发信息。这就是我们现在所希望的：快速的效率、隐形的关系，越快越好。不幸的是，这也正好是消费者想要实现的。他们不希望等待信息，多亏有了互联网，他们也不需要这样等待。不管他们想要或者需要什么，他们只需点击几下鼠标即可。科技已将以往商家的控制权转移到了消费者手中，消费者也明白这一点。他们不用和你见面就可了解你们的服务、获得报价或者甚至下单。关系需不需要建立仅是一项选择罢了。与过去相比，现在的消费者要求更高了，但忠诚度和耐心却更低了，而且对错误的容忍度也更小了。毋庸置疑，这会影响关系的构建和整个销售过程。关系构建已变得比以往任何时候都更加艰难了，客户也更加难以被打动了。

我是在1982年开始销售黄页电话薄的，短短四年时间，我就创建了自己的演讲和培训公司。那时，向客户提供良好的服务、展示对所销售产品的专业知识就可以让客户真正满意。汤姆·皮特（Tom Peter）1982年所著的最畅销书《追求卓越》（*In Search of Excellence*）讲述了为何卓越是商业成功的关键。如果我们向客户承诺我们会提供卓越的服务，他们会向我们提供订单作为回报，并承诺永远忠诚于我们。当然，现在的情况并非如此。达到卓越已经远远不够了，客户也不再是仅通过承诺便可获得的。现在，即使具备一些卓越的服务、精湛的产品知识以及高超的销售能力，也已经越来越难以让客户满意了。因为这正是现在的客户所期待的。他们期待卓越的服务，如果你提供优质的服务，他们并不会感到特别满意，因为毕竟这是他们所期待和要求之中的事。而且，假若你不能迎合他们的期待，他们知道还有其他人可以做到。

如果你们当中有人打扑克的话，这儿有一个很好的类比。优质的服务和高超的销售技巧只能被看作是留在局中的赌注。这并不意味着你可以赢得此局，仅仅只能确保你不被淘汰出局。优质的服务和销售技巧仅是赢得竞争资格的最低保证。即便它们依然非常重要，但是它们本身不会再给你带来任何竞争优势。如果你不增加局中的赌注，那么你成功的可能性将会非常低。卓越的服务已不再是要达到的高远目标，而仅是获得机会的一个基本前提。境况和以往已经完全不同，过去可以促使人们成功的因素，在当下竞争白炽化的环境下已经远远不够。成功的门槛已经被提升到了一个前所未有的水平。

因此，依照逻辑，我们很自然就会遇到下一个问题：如果卓越的服务已远远不够，那么还有什么比卓越的服务更好的呢？我认为，这个问题的答案是：要具有感染力。我知道在商业背景下使用感染力一词很奇怪，但我相信大家都明白我在谈论的是什么。我们都认识这样一些人：在生活中的某个特别时刻，我们曾被他们深深吸引。我们无法解释这是为什么或者我们是怎样被他们吸引的，但是我们知道我们喜欢待在他们身边。

比卓越更重要的是具有感染力

具有感染力并不是说要长得特别标致，或者能够挣到最多的钱，抑或非常善于交谈，而是要与人们建立更深层次的关系，这些关系的建立通常是无意识的，而且很难说清。它可以在转瞬之间发生，也可能会需要数年的时间去培养。有些人已经建立了这些关系，而其他人则要学着去开发这些关系。无论如何，这都是当下做生意最重要的因素。个体销售人员、客服人员、一线的员工、经理和领导都同样需要具备感染力。任何与另一个人有联系的人都需要理解具备感染力的动态因素。对各商家而言也是如此。如同人可以具有感染力一样，商业机构也同样可以。我们将会在第10章对这种感染力予以探讨。虽然具有感染力对任何一个人都很重要，但其对于任何一个为谋生而从事销售、与人打交道的人来说却是绝对必要的。销售的基本原则可能是一成不变的，所有人也都能掌握，但是如果你不理解与销售相关的一切是如何发生剧烈变化的，这些原则将不会有任何意义。卓越的销售人员与普通销售人员的区别就在于他们理解当下这种全新的商业环境并可以将销售原则应用到与客户的沟通中。

30年前，销售是一项机械式工作，而且在某种程度上是可以预测的。它的目标就是完成交易。当我开始从事销售时，我接受过这样的教导，那就是如果我成交的次数比客户拒绝的次数多的话，我就可以得到这些销售订单。我还被训导要及早成交、经常成交且要坚决成交。我学会了销售的基本知识：一定要成交！我的第一任老板告诉我，我需要熟记我的销售展示，而且我要从一见到潜在客户的时候就要试着去成交；我被告知要有策略地去问一些问题，从而诱使他们做出我希望他们做出的决定；我被告知要打量他们的办公室和周围的装饰以便更好地分析他们的喜恶；我还被告知销售是一场游戏，其中有赢家，也有败者；我甚至被告知“买家是骗子”，而唯一重要的事情是要操纵客户去购买我正在销售的商品。令人费解的是，现在依然存在许多销售培训师、演说家和作家，他们在继续教授这种敌对性的、过时的销售技能。这是因为，有时候这种方法还会起到作用。但是即便它奏效，也只会奏效一次，很少可以带来持续长久的关系。计谋和技巧或许依然可行，偶尔也会为你带来销售业绩，但是它们绝不会带来长期的、忠诚的关系。

在人类的历史进程中，没有任何一个职业的人员流动率比销售行业更高的了。每天，都会有越来越多的人步入这一行业，也会有越来越多的人离开这一行业，这种情况比在其他任何一个行业中都更加突出。很多人步入销售行业是因为它没有门槛要求，而且他们认为销售很简单，对学历或考试也没要求。他们被告知自己拥有能说会道的天赋，而且是“有魅力的人”，于是他们就这样成了销售人员。在一段时间里，他们的魅力连同他们对销售基础知识的掌握可能都会起作用。但是从长远来看，如果没有与客户建立真正的关系，我们就不能指望任何一个客户在交易完成之后依旧对我们保持忠诚。如果没有建立关系，忠诚就是有条件的，而且也是根据手头的交易建立的。这种忠诚并不是发自肺腑的忠诚。

任何一名普通的销售人员都可以做成一笔或两笔生意，但只有真正卓越的销售人员能够以销售为生。若希望在销售行业中维系事业的长远发展，你需要拥有的是关系，而不是账户；你需要拥有的是朋友，而不是客户。你必须要记住，和我们打交道的客户已经变得更精明了。在大多数情况下，你所拜访的客户会比你更了解销售；而且在很多时候，他们也会比你更了解你的产品和服务！他们听过所有的销售说辞，因此片刻便能识别出你所运用的销售技巧。你不是第一个让他们觉得自己的存在具有特殊价值的销售人员，他们已经变成了机智的买主。

当一种销售技巧被人识别出时，它就失去了自身的价值。销售技巧在过去或许更有效，因为那时客户不能将其识破。既然现在这些技巧能被客户所识破，那么事情就不同了。没有人想成为任何一种技巧的应用对象和受害者。出于同样的原因，那些老掉牙的搭讪在私人关系中也不会起到任何效果。它们的本来面目会被识破：不真诚、不恰当。人们渴望真实。他们或许想要或者甚至需要你的产品或服务，但是他们并不需要你！忠诚仅会伴随真正的关系而产生，而且仅会在真实、真正的关系下产生。

问题在于培育关系需要花费时间，但是我们并不像过去那样有充足的时间去建立关系，并让关系进一步发展。在极少数的几个行业中，情况或许还和从前一样。但是，在当今绝大多数情形下，没有人有时间或者愿意像过去那样去培育与客户的关系。你或许依然可以做成一笔生意。事实上，你或许可以反复达成交易。但是千万别把这些销售业绩和忠诚度混为一谈。基于互利交易建立的简易关系和真正的关系之间是有区别的。大多数销售人员认为，来自一个客户的多次交易和持续不断的业务就意味着客户很忠诚。千万不要被愚弄！只要有更利好的交易出现，现在的客户会随时过河拆桥。当然，你可以采取最简单的方法，永远确保给予客户最优惠的价格、最合适的交易。但是，这种如履薄冰的游戏几乎总是暂时的，迟早会有人可以提供更好的交易。基于利益达成的交易（包括价格）绝不会长久，也绝不会转变为真正的关系。

这就是为什么具备感染力是如此关键的原因。这是在消费者时代进行销售的唯一途径。现在的消费者不希望自己被骗，他们没有时间、没有耐心也没有金钱去被那些不真诚的、只想赚取佣金的销售人员所操纵，现在的消费者了解所有的一切。在当今这个竞争异常激烈、错综复杂的环境中进行销售的唯一途径就是要有足够的感染力，以使客户愿意和你做生意。如果两个人想要一起做生意，那么他们将会找到彼此合作的方法。但是如果他们不想合作，那么任何天花乱坠的说辞或者销售技巧都将无济于事。

实际上，当有人不想和你做生意时，你将会听到无数的借口，这都并非是实情。你将会听到诸如“你的价格太高了”、“我从你们的一个竞争对手那里得到了一笔更好的交易”、“这个项目已经被搁置了”或者“你们的产品刚好不合适”等这样的理由。你可以听到任何借口，但是事实上他们只是不想和你做生意。人们很少会说“你让我感到不自在”或者“我们之前并没有联系”这类的话。

在缺少真正融洽的关系时，人们更倾向于找借口而不是将其归咎于个人原因。虽然不知道这样的情况发生的频率如何，但是我敢打赌，大多数时候客户会说你提供的价格太高。其实，价格在极少情况会成为真正的罪魁祸首。援引价格当借口只是一种中立的、简单的和委婉的拒绝方式。避免这些借口出现的唯一方法就是与客户建立真正的关系，但如果你不能成功建立联系，那么真正的关系也无从建立。这一点怎么强调都不过分：成功营销的唯一方式就是——要有足够的感染力，促使别人希望和你做生意！

鉴于此，具有感染力的第一步就是不要把客户再看作是客户，而是要开始把他们看作是人。我们需要的不是努力去销售，而是要设法与客户建立稳固的关系。要想真正达成建立关系这一目标，我们需要像建立私人关系一样去看待销售并建立商务关系。建立私人、甚至是浪漫爱情关系和建立其他任何一种关系都是一样的。商务关系和私人关系之间的界限已经非常模糊了。

在当今的市场环境下，建立稳固的关系比以往任何时候都更加艰难，而个人的情商与商业经济学之间实则存在交叠。要想成功，我们需要用一种不同的、更新颖的、更现代化的方式去看待营销和客户服务。我们需要一种新的典范，而我创造的正是这样一种典范。我称其为“浪漫经济学”。这是个人浪漫爱情和亘古不变的商业经济学规律不断互动交融的结果。

这不是说我们应该以不恰当的方式，或者以与我们的客户陷入浪漫关系的方式去做生意，而是说浪漫爱情和商业原则在动态关系上是可以互通的。毕竟，关系就是关系，即使最初设定的目标和最后取得的结果并不一致。不管是努力去做成一笔生意，交一个朋友，或者是开始一段浪漫爱情史，我们都应该设法做到具备感染力。获得一次预约和得到一场约会需要同样的吸引力和同样的技巧组合。商业领域中的目标可能会与私人关系的目标有所不同，但是到达目标的步骤却是惊人地相似。

在第 2 章中，我将会探讨建立私人关系和建立商业关系之间相同的五个方面。不管你是在以专业的形式向某人推销还是对他们展开浪漫的追求，追求的必要动态因素都是一样的。不管怎样，你的目标就是要变得富有感染力，然后建立关系！这是一件私人的、有竞争力的、充满情感的事情。

于是，帷幕就此揭开：浪漫经济学的时代来临了。变得真正有感染力并创造一种新的做销售的方式的旅程就此开始了。

CONTAGIOUS SELLING
销售情商箴言

1. 销售技巧和方法或许可以帮你做成一笔生意、完成一笔交易，甚至可以帮你完成每周分配的任务，但是它们不能帮你维持生计。为此，你需要建立各种客户关系。
2. 成功营销的唯一方式就是：要有足够的感染力，促使别人希望和你做生意！这一点怎么强调都不过分。

02

像追求浪漫爱情一样去做销售

CONTAGIOUS SELLING

HOW TO TURN A CONNECTION INTO A RELATIONSHIP THAT LASTS A LIFETIME

建立销售中的客户关系的五项关键因素不仅与建立私人关系的因素如出一辙，而且这也是商业关系建立的必要因素。我要说明的是：并非这五项因素就足以建立起卓越的关系，但它们确实是不可改变的必要因素。如果我们违反了其中任何一项，关系就很可能会受到很大挫伤。我将会在整本书中贯穿对这些话题的讨论。既然我们认为私人浪漫爱情和商业经济学之间有如此多的共通之处，那么我们就逐一看看每个因素。

第一印象持续作用

第一项动态因素的重要性显而易见，原因只有一个：第一印象会持续作用！你将永远无法挽回你给对方留下的第一印象，因为你不会有第二次机会。研究表明，第一印象在与人会面的 10 秒钟之内即可形成。人们会在这 10 秒钟内决定希望关系继续向前发展还是希望与对方拉开距离。我称其为“磁推力或磁吸力”。你与对方之间的作用力不是排斥力就是吸引力。这是一种潜意识的、自发的、由第一印象引生的反应。这往往只会有两种反应：希望双方关系继续向前发展，或者希望自己脱离这场关系。

在私人关系中，磁吸力的一个显而易见的例子就是一见钟情。但是，这种吸引力往往毫无浪漫可言。它只不过是人们之间建立的一种无意识的、无法察觉的联系。这每天都会在人和人之间以及电话通话之中发生数百万次。在销售领域，就如同在爱情中一样，吸引力的存在永远无法确保一段关系的开始。它只会帮你争取到一点更多的时间。你或许已经在某种程度上吸引了客户，又或许没有。虽然吸引力帮你争取了一点时间，但是你依然需要在关系的发展中继续设法赢得他们的关注。当然，如果他们对你第一印象是一种推力，那你就会碰壁。这种情况下，最好的做法是结束这种互动，将其归咎于时机不对，而不是继续采取行动。在此之后你还可以继续尝试与对方联系。

有时，我们遭遇推力是因为对方忙碌或者心烦意乱。所有销售人员都曾在不合适的时间拜访过潜在客户。如果真的是时机不合适，你无疑就会遭到拒绝。那就接受事实，继而寻求在未来的某个时刻再与对方联系。这位潜在客户会感激你的善解人意，这样，即使你尚未取得任何收获，但也不会永久性地破坏双方的关系。遭受拒绝却仍继续硬着头皮前进对任何关系的未来发展都是致命的。在第 3 章中，我将会探讨如何给对方留下良好的第一印象，但是现在，首先要明白人们的第一印象会产生持久的影响！

一切关乎感觉

第二项动态因素是：一切关乎感觉。它与你所了解的情况或者与事实本身并无关系，而是与一个人的感觉有关。这种关系不是统计学意义上的，而是情感意义上的。美国所有的营销课程都会给学生讲授尤里卡因素（Eureka Factor）。尤里卡因素讲述的是：人们会基于主观体验做决定，却会用逻辑来证实自己的决定。简单来说，人们会根据情感和感觉做出决定，却会用逻辑和可靠的数据去证实自己的决定。单词“Eureka”是希腊词汇，意思是“我找到答案了”。因此，也有人把决策中运用的尤里卡因素描述为“灵光乍现”，也就是你找到答案或者看到光明的时刻。这可能是让人顿悟的时刻，或者你会有一种直觉，这种直觉告诉你事情的发展是对的。这是一种情感的实现，但是表达出来又有些莫名。因此，我们用逻辑、数据和铁铮铮的事实来证实和表达我们的决定。

当然，会有众多影响情感决定的情商因素。对于其中的一些因素，我们会在之后的章节中进行探讨，但是有两种情商因素是必须要在刚开始交往时就需要展现出来的。这两种情商因素就是自信和风度。经常会有人问我一个人怎样才能具有感染力。这个问题非常难以回答，因为使人具有感染力的因素太多了，需要大量的解释才能予以界定。如果一定要我用几个词来回答这个问题，那我的答案是：自信和风度！两者都非常重要，而且没有任何一个是可以伪装的。你要么就是具备自信和风度，要么就是根本不具备。

自信不是傲慢或自大，也并不是要厚颜无耻或者锋芒毕露，自信是一个人对自我的内在肯定，代表着他或她对自己非常满意。它可以通过人们目光中流露的神情、步伐中的动感、声音中的音调展现出来。自信并不意味着人们知道所有问题的答案，或者他们从来不会怀疑自己；它仅仅意味着他们信任自己、相信自己正在做的事情。自信很有感染力，因为它是一种极难得的品质。我们会自然而然地被自信的人所吸引，因为我们可以从他们身上汲取能量并激发希望。我们个人会赞赏自信，市场也会跟着效仿，并会对自信予以回报。

史蒂夫·乔布斯和他的合伙人在 1976 年为能够换取一点钱在他的车库中创建第一台苹果个人电脑而变卖了他们的大众面包车，当你了解到此的时候，是不是感到惊讶呢？你知道迈克尔·戴尔在大学的时候就开始在宿舍里销售电脑部件，并且后来辍学继续专职从事销售吗？你知道菲利普·奈特（Philip Knight）和他的大学田径教练曾在他小旅行车的行李箱中出售从日本进口的田径鞋吗？这些就是苹果、戴尔和耐克公司卑微的开端。这三人的相同之处在于他们都拥有远见和自信。或许是他们的远见赋予了他们自信，也或许是自信赋予了他们远见。无论如何，他们都非常相信自己。

情感决策中的另一项情商因素就是风度。风度更难去定义，却非常容易被识别。风度就是环绕在你周围无形的、但却肯定会被感受到的那种气场和能量。我们都认识风度翩翩的人，当他们一走进屋子时，我们就立刻能注意到他们，这并非是因为他们宣告了自己的到来，而是因为他们身上所散发出的强大气场。我们会下意识地渴望与有风度的人在一起。他们当然很自信，但并不仅限于此。他们鼓舞人心、积极乐观、即使在不开心时也能保持微笑；他们对自己非常负责，从不会因为生活的境遇而去抱怨天气、经济、出身或者自身之外的其他任何事情，他们就是他们自己。他们目前的地位以及未来的发展都是由自己创造的。他们没有遗憾，他们造就生活而不是让生活造就他们。风度像自信一样具有感染力，因为它是我们所有人都赞赏、却很少有人能拥有的特质。值得欣慰的是，如果你尚不具备我所描述的这些特质，也还为时不晚，你可以去培养这些特质。

有很多可以帮助你培养自信和风度的方法。其中之一就是：投入到继续学习和自我提升中。我经常会说，我可以通过一个人在过去三年读过多少本书来判断他有多成功。普通人在一年内甚至连一本书都读不完！而成功人士知道，在一个竞争激烈的世界，继续学习对于取得并保持领先地位是至关重要的。

哈里·杜鲁门曾经说过："不是所有的读者都是领导者，但是所有的领导者都是读者！"学习是最终的竞争优势。在过去的25年里，我一直都在帮助各家企业提升销售和客户服务运作和声誉。但是，让我感到惊讶的是，大部分企业缺乏对学习的投入。在绝大多数情况下，学习被看作是一件事情而不是一个过程。作为一名演说家，我一直很高兴自己是事情的参与者，但是事情只是过程中的一小步，而并不是过程的终点。尽管有那么多有关学习重要性的至理名言，但是一直以来，我最爱的是传奇式作家和演说家金克拉（Zig Ziglar）说过的一句话。他曾经这样说道："唯一一件比对员工进行培训后失去他们更糟糕的事情就是不对他们进行培训却留住他们。"

学习不是一件奢侈的事情。如果你想要具备竞争力，那么学习就是一件绝对必要的事。如果你的公司崇尚继续学习和教育，那么要心存感激并尽可能地接受公司所提供的一切。然而，学习并不是公司的责任，这是你的责任。当我对潜在的销售人员进行面试时，我经常会让他们列举出他们个人提升书单里的几本书名，如果他们用迷茫的眼神注视我，就好像我问了某个荒谬、晦涩的问题一样，那么面试一般不会再继续。你可以这样思考一下：如果你都不愿意为自己投资，你的雇主为何要这样做呢？学习是你的责任，而不是你所在公司的责任。既然你已经买来并且正在阅读这本书，那么此刻我承认我极有可能是在多费口舌了。如果你还不是一个习惯性的学习者，那么我希望你将来能成为这样的人。

然而，促成自信和风度最关键的因素是，你要对自己所做的事情持有激情和信念。我将会在第4章更深入地探讨信念这种情商因素，但是，喜欢你所做的事情和热爱你所做的事情之间具有很大的差别。我曾经读到过这样一条信息：所有在职的美国人表示，如果他们买彩票能中1 000万美元的话，97%的人会放弃自己的工作。这其中告诉了我很多信息，其中之一就是：大部分人工作仅是为了获取报酬。如果他们不能继续得到报酬或者他们不再需要得到报酬，那么他们也就不再需要自己的工作。这是件多么悲哀的事情啊！

我从小到大（而且现在依然）是一个超级的棒球迷。我是看着诸如皮特·罗斯（Peter Rose）、罗伯特·克莱门特（Roberto Clemente）、还有后来的卡尔·瑞普肯（Cal Ripken）和柯克·吉布森（Kirk Gibson）这样卓越的选手打球长大的。他们用极大的热情打球，因此每个人都很容易看出他们是如何热爱这项运动的。不幸的是，今天的大部分球员都缺少这份激情。在面试中，人们不再讨论自己如何喜欢打球，而是转而讨论为何打球是一种商业运作以及为什么球员需要赚取更多的金钱。

不要误解我的意思，我完全赞同需要挣钱的观点，但是应该把挣钱视为一种利益，而不是前提。一直以来我都赞同这种理论，那就是：如果你热爱你所做的事，那么，你的一生之中将没有任何一天是用来工作的。球员首先应该热爱打球，其次才是挣钱，但是悲哀的是，事情正好反过来了。我们球迷很清楚这一点，对客户来说也是一样。当然，严厉批评亿万富翁级的运动员很容易，可是你自己又是怎么做的呢？你现在做的事情是不是也只是为了获得薪水呢？你是否可能会因持有与当下专业运动员同样的想法而感到愧疚呢？你工作是不是也只是为了赚钱呢？你以销售为生是不是仅仅因为你有销售的天赋呢？我希望不是，我希望你能挣很多钱。但是，如果你对于自己所销售的商品失去了应有的激情，你的客户一定会觉察到，就像球员如果缺少激情的话，观看比赛的球迷也会很容易觉察到一样。

让客户做出购买决定的首先是你和你的信念，其次才是你的产品和服务。这样的人最具感染力。他们热爱自己所做的事情，而且可以感受到所做的事情的真正意义。你的客户可能无法描述出你对他们的感染力，但是他们会被你吸引，希望和你做生意。激情是最重要的磁吸力。激情比任何宣传册、幻灯片演示或者完善的策划方案都更具说服力，也能带来更多的销售额。你眼中闪烁的光芒会告诉客户你热爱你所做的事情，而且深信你的产品和服务会给他们的生活带来很大的改变，这比任何话语都更让客户无法抗拒。如果读完这本书，你学会或者发现了如何去热爱销售，即使除此之外再无收获，你也将受益匪浅。首先，你应该问问自己为什么从事现在的工作，列举一下自己喜欢销售的哪些方面，不喜欢它的哪些方面。结果很可能是，你喜欢销售的原因和我们所有人喜欢销售的原因是一样的：我们热爱销售带来的多样性，喜欢每天会有所不同；每天都有新人走进我们的生活，带给我们挑战；我们热爱自由，不用每天都坐在办公室的椅子上，每天都可以出去感受世界；我们热爱机遇，喜欢自己可以像想象的一样成功；我们热爱销售的刺激以及我们赢得大单时的成就感。销售不同于世界上的任何一个职业！一定要热爱销售，这样你就会发现销售也会爱上你。

顺序很重要

第三个关键的因素是：顺序很重要。就像在任何一段私人关系发展中一样，任何一笔销售都有一个毋庸置疑的进度表。如果违背这个顺序，那么你做成生意的可能性就会急剧下降。请允许我用私人关系和职业关系做些比较，你或许也会将职业关系比作私人关系。

让我们假设，你第一次约会。你刚赴约不到 10 分钟，对方就问了你一个非常亲密且私人的问题，你会作出怎样的反应呢？你很可能会感到吃惊，甚至觉得对方冒犯了自己。但是，你要思考一下为什么你会感到被冒犯。你被冒犯并不仅是因为约会的对象问了你一个私人的问题，在你们的关系发展数周或者数月之后，你会满心期待和他分享更多的私人信息。你被冒犯是因为时机不对！这个私人问题来得太快、来得不合时宜。

任何成功的关系都有一个内在的节奏。不管是有意还是无意，违反这个节奏，都会造成双方关系紧张。应对不合时宜的私人问题最好的方式就是不要把事情放在心上，然后让对方明白日后双方会有合适的时间和地点讨论这个问题，但绝对不是现在。同样地，在销售情境下，潜在客户也经常会问一些不合时宜的问题。他们会在还不知道你名字的情况下就询问价格。他们这样做或许是为了摆脱你的打扰，亦或许是想通过开门见山的方式来节省时间，再或者仅仅是因为现在每个人都对价格极其敏感。不管是哪种原因，他们都改变了事情的节奏。客户提出有关价格的问题也是合理的，而且你最终必须要作出回答。但就此刻来讲，这个问题不合时宜。

我会在第 7 章更加详细地探讨这个问题。但是我现在大可以这样说，你对于这个问题的回答决定了你们的关系是否会有任何进展。你不想告诉客户任何价格或者价格区间。你希望客户明白你非常渴望双方关系可以进展到谈论价格的层面，但是目前双方还没有进展到这一步。应对这种局面有很多巧妙的方法，但是一直以来我最钟爱这种回答："稍后我会做更详细的解释，我们的价格既不是最优惠的，也不是最昂贵的。然而，如果我们并不能百分之百适合您，您就无须支付任何费用。"我承认这种回答方式不是我大卫·里奇的原创，但这样回答棒极了。这委婉地表明了，如果你的商品或服务对他们来说不合适，你们双方不会合作，这意味着对他们来说不会产生任何费用。这是一种不作回答的回答，但是它却可以促使关系继续向前发展。

还有很多可以证明不按正常顺序推进关系发展会损害双方关系的例子，我将在介绍销售过程时对这些例子予以论述。但一定要记住顺序确实很重要！

如果你不得不成交， 那么一定是哪里出了问题

第四个关键的动态因素是：如果你不得不成交，那么一定是哪里出了问题。我知道这可能与你开始从事销售事业时被教导的一切相违背。肯定有人教过你要"尽早且尽可能多地去成交"，也有人教过你销售中的 ABCs 原则，那就是一

定要成交。然而，这并不是在当今这个高度透明化、错综复杂的市场上开展销售的最佳方式。

当时机合适时，成交应该是仅需一个轻微的助推就可达成的。它不应成为操纵另一个人的手段。如果一个轻轻的推力对于成交远远不够，那么你甚至可以不用考虑成交这笔生意。我们可以把一定要成交的心情放在私人关系情境下思考一下。如果某人一定要成交，那么双方关系很可能没有自然发展。很少有人会问对方能不能接吻，当时间合适，双方很自然就会接吻。双方都会一致同意、而且会不约而同地去这样做，他们会从一个眼神或者手势中得知时机正合适。在商界也是如此。

成交应该和第一次接吻一样。它应该是随着关系的发展自然发生的。如果你不能完全确定对方的答案是肯定的话，那你绝不能去成交。这就像你绝对不希望草率接吻，然后遭到对方拒绝一样。如果你不确定，那么就相信自己的直觉。即便你只是试图去成交，时机也可能并未成熟。一定要成交意味着你要一直努力促成时机，而且你很可能会遭到多次拒绝。我希望告诉大家我自己的 ABC 理论，比之前的 ABC 理论多了一个 C，那就是 Always Be Captivating & Cultivating（一定要保持吸引力，一定要不断培养关系）。如果你总是希望吸引客户或者潜在客户，并希望与他们的关系能够进一步发展的话，那么他们就会认为你更真诚，你也会因此避免许多会使关系走向灭亡的陷阱。时机意味着在一起，如果你一定要成交，那么事情可能会大错特错。

销售永无止境

第五个也是最后一个关键的动态因素是：销售永无止境。销售人员通常会把销售看做是有始有终的事情。他们认为起点就是第一次接触，终点就是最后成交买卖。但是，卓越的销售人员明白销售永无止境。销售不是一条线，而是一个不断循环的圆圈。你肯定希望一直构建、培育关系，而且希望能永远这样！但不幸的是，关系有时确实会终止，但这是你在任何时候都不希望发生的。通常情况下，关系终止是因为人们把它看做是一场有始有终的交易，而不是一个持续不断的过程。

我和我的一些客户至今依然是朋友，依然保持着与他们之间的联系，即便他们已经换了工作甚至是已经退休很长时间了。即便我不会再从他们那里得到任何业务，但我们也依然保持着联系。事实上，在很多情况下，这仍然可以为我带来益处。即使我们已经很多年没有一起做生意了，我的老朋友们依然会时常介绍客户给我。如果你把销售看做是一个圆圈，那么这个圆圈就永远都不会终结。

如果你要改变自己看待职业关系的角度，最好的方法之一就是转变目标。不要把目标集中在具体的销售额或者交易上，而是要把目标转移到关系构建上。如果你没有转变目标，且把交易看做唯一关注点，那客户很容易就能识破你的目标，赢得客户信任也就更加艰难。因此，我们首先应该着眼于关系构建，其次才是交易，而不是倒着来。赢得客户信任、建立牢固的关系之后，做成生意自然是水到渠成的事情。

你可以这样想一下：在私人关系中，假如一个人认为对方的动机是自私的，那么这种看法就会严重破坏双方之间建立任何真正长久关系的可能性。我们都遇到过这样的人，与他们稍有接触就会让我们感觉到，他们真正感兴趣的并不是我们，而是如何从我们这里获取点什么。这些人关注的是交易而不是彼此之间的关系。

我们将会在之后的章节中进一步探讨这些动态因素，但是现在要记住的是：要让销售私人化。多少年来，每当我在研讨会上提到面向 21 世纪的客户销售的最好的方式就是不去销售时，很多人都会感到惊讶。销售暗示了一种错误的含义。但是，构建关系却是开展销售最好的途径。你要和客户一起度过快乐的时光，真诚相待，和客户成为朋友。当你真正开始这样做的时候，你就会变得非常具有感染力。具备感染力将会带给你想象不到的销售业绩！

CONTAGIOUS SELLING
销售情商箴言

1. 学习不是一件奢侈的事情。如果你想要具备竞争力，那么学习就是一件绝对必要的事。
2. 让客户做出购买决定的首先是你和你的信念，其次才是你的产品和服务。这样的人最具感染力。
3. 任何成功的关系都有一个内在的节奏。不管是有意还是无意，违反这个节奏，都会造成双方关系紧张。
4. 成交应该和第一次接吻一样。它应该是随着关系的发展自然发生的。如果你不能完全确定对方的答案是肯定的话，那你绝不能去成交。
5. 卓越的销售人员明白销售永无止境。销售不是一条线，而是一个不断循环的圆圈。

03

让陌生拜访不再陌生

CONTAGIOUS SELLING

HOW TO TURN A CONNECTION INTO A RELATIONSHIP THAT LASTS A LIFETIME

在任何关系中，最重要的时刻就是你和另一个人刚开始接触的时候。我们已经论述过为什么这一刻很重要，这是因为第一印象会起到持续作用！然而，初次接触的重要性也并非仅仅限于这一个事实。第一印象是展现感染力的最佳时机。在私人关系中，你希望与对方碰撞出火花。在商业关系中，你虽然未必希望双方之间火花四射，但你的确希望能够引起对方的兴趣。你希望与对方碰撞出兴趣的火花而非浪漫的火花。但是，无论如何双方之间都要产生火花！

我们生活在这样一个时代，人们注意力持续的时间很短，而且激发人们兴趣的窗口依然和过去一样小。在这一章中，我们将会探讨如何与潜在客户进行初次接触以及如何在这最初的片刻时光中展现出感染力。大部分销售人员会对这一最初的客户开发阶段感到恐惧，但这却是迅速与客户建立关系的黄金时机。如果处理得当，它会非常有趣且振奋人心。在这一章中，我们将学习如何让陌生拜访不再陌生。

做好开始一段新关系的准备

在进入实质性接触之前，我们必须确保自己已经完全做好了开始一段新关系的准备。很多销售人员会在没有任何计划或者准备的情况下贸然拿起电话或者走进客户的办公区。这听起来让人非常吃惊，但却经常发生。这和陌生拜访一样会让人感到唐突，在与客户联系之前还是需要做些准备的。尽管从经验上来讲，生意额越大，你需要做的准备工作就越多。但我并不是在说，联系潜在客户之前，你需要花费数小时对其进行调研。销售办公用品所需要的调研或许要比销售专门定制的大客车少，但是，无论你销售的是什么，你都需要提前做些准备。

最起码你要确保自己在心理上已经做好了销售的准备。我当然不想让自己变成西格蒙德·弗洛伊德，但是销售的确在很大程度上是心理层面的。你是否充满激情、积极乐观？你是否已经做好了将这些感觉展示给客户的准备？你是否做好了被拒绝的准备？你有目标吗？你是否对自己每天、每周和每月的工作做好了规划？你制订计划了吗……你需要在内心准备好如何回答这些问题，而且一定要在你与客户进行接触之前作出回答。接下来让我们简要介绍以下每个问题。

你是否充满激情，积极乐观

充满激情似乎是一个非常简单、非常基本的要求，但是每天都会有成千上万的销售人员出门时无精打采、缺乏动力。金克拉曾经说过："销售是一种激情的传递。"说得更直白一点，如果你自己没有激情，那么你就无法传递激情。如果你希望其他人对你的产品或服务兴奋不已，首先你自己必须要这么做。很多人将其称为兴奋法则。你对什么感到激动兴奋，什么就会对你感到激动兴奋。关键的是，首先你自己要感到兴奋。

普通的销售人员做成生意之后才会感到兴奋，而卓越的销售人员一开始就会感到兴奋。做成一笔生意之后对销售充满激情很容易，但是要想成为卓越的销售人员，你必须要明白，兴奋不是交易成功的结果而是交易成功的原因。一开始就对自己的产品或服务充满激情、从内心深处感到兴奋是成功销售最重要的因素。

我不认为这可以通过数据来衡量，但是我敢确信，富有激情和积极的态度可以将建立任何关系的可能性提高十倍！

你有能力处理拒绝吗

这一部分的心理准备更为复杂。不管我们认为自己多么有能力去处理拒绝，真实情况总会比我们想象的要困难得多。我们是有自尊和情感的人类，没有人喜欢被拒绝，然而这却是专业销售中必然且不可避免的一部分。事实上，更多的人会拒绝。这里有两个非常不错的点子，可以帮你做好被拒绝的准备，并且教你如何处理拒绝。

第一，一定要记住潜在客户拒绝的并不是你，不要放在心上。大部分情况下遭遇拒绝是因为时机不对。你或许正赶上他们处在极其紧张的状态，或者正在全神贯注地处理生活中的某些私事。他们还有可能是刚刚收到了坏消息，抑或是在你拜访时他们正急匆匆地准备出门。你可能被拒绝的原因不计其数，但这些原因与你或与你销售的商品绝对没有任何关系。遭遇拒绝仅仅是因为时机不对。

第二，要把拒绝看作是一场游戏。你要告诉自己，每一次拒绝都会让你离成功更近一步。很久之前销售黄页宣传册时，我曾经使用过一个非常有帮助的技巧来应对拒绝。无论何时我遭到拒绝，一回到车里的私人空间，我就会声嘶力竭地喊道："下一个！"我知道有时候我喊的声音非常大，其他人都会听到，但是我不在乎。我在梳理自己的大脑，告诉自己必须挺过刚遭到拒绝的事实，然后走向下一个可能会点头的客户。对我来说，这样做会让我在心中放下刚刚发生的一切，积极地憧憬接下来会发生的事情。"下一个！"成了我每天的座右铭，帮我度过了很多艰难的时日。

你有目标吗

第三个问题是：你有目标吗？可悲的是，大部分销售人员没有目标。他们可能有其他人强加在他们身上的销售指标，但是他们没有自己的目标。目标是绝对个人化的事情。他们与销售指标和公司强行制定的目标是不同的。目标不是由其他人制定的，它们是你的目标，而且只是你自己的目标。目标也是高度具体化的，希望成功或者幸福的目标虽然是一个很棒的想法，却不是一个好目标。因为它不可度量，也不够具体。

你为每天、每周、每月做好规划了吗

另一个衡量目标的重要标准就是它必须能够细分为最小的单位。我绝不会建议你去设定希望赚多少钱这样的目标，这便是原因之一。这个目标太大。你需要把它细分为每天应该做的事情。

你不应基于自己想要赚多少钱去设定目标。取而代之，你要根据你希望实现的收入往回推算你需要完成多少工作。例如，根据自己希望获得的佣金数额计算自己需要完成多少笔生意，然后逐个往回落实。戴尔·卡耐基曾经说过，普通的销售人员必须要联系 50 个人才能得到 10 次预约，做成 2 笔生意。

我不是在暗示这些数字也符合你的情况。重要的是，你要算出自己的数字。如果你需要完成 100 笔销售（基于你平均的销售数额）才能实现你的收入指标，那么完成这 100 笔生意你需要多少次预约呢？如果你得出的数字是 300 的话，你就需要知道要得到这 300 次预约，你需要和客户联络多少次。

让我们假设你得出的数字是 900，那么你的公式就是通过 900 次联络去得到 300 次的预约，做成 100 笔生意（900→300→100）。幸运或者不幸的是，戴尔·卡耐基生活在一部手机和电子邮件尚未诞生的年代。当今的客户都会使用这些奢侈的科技筛选来访电话。尽管科技可能会使人与人之间的联系变得更加便捷，但却使人与人之间建立真正的联系变得更加困难。因此，我们需要在等式上再添加一个数字，也就是尝试联络的次数。你可能需要给潜在客户拨好几次电话或者发好几次电子邮件才能真正得到与他们交谈的机会。

你需要计算出你要进行多少次尝试才有可能与潜在客户真正建立联络。举个例子来说，让我们假设你计算出的数字是 1 800。这意味着你需要尝试 1 800 次才能获得与 900 个决策者真正交谈的机会，从而安排 300 次预约，做成 100 笔生意！为了使你的计算有可靠的样本可依，你可能需要在至少六周之前就要收集数据。一旦你有了样本，当你设定目标时，就会有可靠的依据。

仅仅设定一个你想要赚多少钱的目标是不够的。这个目标太模糊。你对这个目标也不能施加直接的控制。在整个公式中，你唯一可以直接控制的数字就是你需要做多少次尝试。你总不能在早上醒来，花一上午的时间去做一笔生意。虽然你偶尔可以这样做，但是通常情况下这样做并不靠谱。然而，你可以早上醒来，花费所有的时间去打电话。这才是你需要设定的目标。如果你需要尝试 1 800 次，将它细分为每月、每周和每天需要完成的数量，那么 1 800 次尝试就意味着每月 150 次，每周 37.5 次，每天 7.5 次。每天尝试 7.5 次就是你的目标，也是你可以控制的数字。

拥有可量化的目标可以让人充满力量和动力。因为，如果你完成了目标，你必定也会实现预期收入，这仅是一个算术问题。

你制订计划吗

销售人员之所以没有赚到他们想要赚到的钱，原因只有两个：第一，他们从没花费时间去计算他们的个人公式；第二，他们没有完成每天必须要实现的尝试联络的次数。

如果你觉得这听起来很简单，你是对的，它确实很简单。尽管的确很简单，但是却不容易做到。你要设定好每天需要尝试联络的次数，然后确保自己要一直保持能够完成这个数额。此外，你还要对每周进行规划，以保证自己有足够的潜在客户去拜访。每个销售人员计算出的比率和数字的组合都不尽相同，但是如果你对工作进行规划，并且按照规划去执行的话，那么你肯定会实现你的目标！

开启联络

一旦你在心理上做好了去销售的准备，那么你也会做好开始与客户联络的准备。多亏了日新月异的科技，让我们有无数种开启与客户联络的方式，但其中最主要的三种方式是打电话、亲自拜访、邮寄信函或发电子邮件。每种方式都各有利弊。寄信或发电子邮件高效、简易，但是达到的效果却最差；亲访费时费力，但却会取得最好的效果。就联系的简易程度和取得的效果来说，打电话是这两种方法的折中选择。

不论你采用哪种方式与新的潜在客户联络，我不想对联络的技术层面进行分析，而是希望着重探讨一下你如何才能具备感染力。不管是打电话、发电子邮件还是亲访，你都必须具有强烈的目的性，能够展现出自信并在数秒之内吸引潜在客户的注意力。我把这珍贵的数秒钟称为最重要的时刻，因为它决定了这场关系是否有机会成功。鉴于此，大家也都知道我将其称为“守门时刻”。这就是“感染力”会不会起效的重要时刻。这一刻可以打开关系之门，也可以将其永久关闭。

这一刻包含了你说的话、你说话的方式以及你说话时的表情。在此刻，你说的话必须要清晰简洁；你的举止必须要自信自如；你的声音不仅要能引起注意，而且还要展示出一点谦逊。乍一看，这些要求可能听起来有点冲突，其实它们一点也不矛盾。这些特质或许有点自相矛盾，但是在任何一种联络方式中展示出所有的这些特质是绝对有可能的，也正是这些特质的巧妙组合能够令你具备感染力！

第一个要克服的困难就是要获得实际守门人的同意。很多销售培训师专门教授如何避免守门人细查的诀窍和诡计，但我绝不会这样做。我认为你必须（而且也应该希望）和守门人建立关系。保持谦虚的态度向守门人请求帮助。我喜欢开门见山地告诉守门人，我需要他们的帮助才能联系到我想要联系的那个人。我们之前讨论过的规则在跟他们讲话时同样适用，不要盛气凌人。这时候展示你的感染力大有作用。你一旦顺利通过了守门人，见到了你要联系的人，浪漫就真正开始了。

销售中涉及的利益问题

尽管你说的话可能不如你说话的语气或者你的肢体语言

更具影响力，但是它们依然十分关键。说话时必须直接切入重点，而且要包含可以抓住潜在客户注意力的内容。大部分销售人员会从自我的角度开启对话，这是一个致命的错误。他们会说类似这样的话："我想占用您几分钟的时间，向您展示我将如何帮您省钱。"或者"我想向您介绍一下我的公司。"这样说或许简单而直截了当，但是你的潜在客户并不关心你想要做什么。你们之间需要慢慢建立信任，并从他们的角度去开拓业务。

尽管不同的人对开展新业务时要说的话有不同的想法、方式和文稿，但是我认为从客户的角度开发新业务最好的方法是被我称为"利益问题"的方法，或者简称为 IQ 方法（Interest Question，IQ）。在过去的 20 多年里，我一直在向销售人员讲授 IQ，我也很高兴地宣布，它已经成功历经了时间和实战的考验。IQ 包括六个步骤：问候、理由、关系、痛点、请求、锦上添花。

步骤 1：问候

问候很简单，而且是一件我们已经做得十分娴熟的事情了。问候就是介绍你和你的公司。如果没有一开始的问候，你是不能和另一个人开启联系的。"你好，我是来自 Doe & Associates 的约翰·乔。"这就是一个完美的问候。然而，如果公司的名称不能使潜在客户清楚地明白你们公司的业务，那就有必要再增加一句简要的介绍。例如，“你好，我是来自 Doe & Associates 的约翰·乔。我们公司提供个性化的销售培训方案，可以保证取得所承诺的效果。”

步骤 2：理由

理由就是要承认你打扰了对方，而且要承认你这样做是有充分理由的。“我知道我可能打扰到了您，但是我想要引起您注意的原因是________。”这就是你需要说的话，就像所有的话语一样，关键是你如何去表达。对此我会再详细地对此予以解释，但是会把重心放在“理由”上。

步骤 3：关系

在 IQ 中的关系这个环节就是你可以告诉潜在客户，你拥有与相关行业或领域的其他人打交道的经历。潜在客户会认为你是打扰他们生活的陌生人，但是 IQ 中的这个环节可以让他们认为自己与你之间存在互利共赢的关系。它可以填补上一部分的空白。你可以这样说：“我知道我打扰到了您，但是我想要引起您注意的原因是我拥有与其他销售经理和高管合作的经验，他们一直告诉我的一件事是________。”

这样说可以起到两个非常重要的作用：第一，这可以让他们知道你拥有与他们的同行合作的经历；第二，这可以激发他们的好奇心。你所讨论并不是你个人所想的，而是其他销售经理的想法！对此你说得越具体，取得的效果也就越理想。

你千万不要这样说“根据我和其他销售经理合作的经验”，取而代之，你可以这样说“根据我和其他销售经理长达 10 多年的合作经验”或者“根据我和其他销售经理在办公用品领域的合作经验”。

你跟他们讲得越具体越好。但是，关系发展到这个阶段，你认为谁对他们更有影响力呢？是你还是他们的同行？当然是他们的同行！他们想要知道他们的同行曾经发表过的言论，他们想要知道你所知道的事情，他们想要证实或者推翻你接下来可能会说的话。他们的好奇心可能并不会促使你们之间建立关系，但是却可以让你继续前行！

步骤 4：找到客户的痛点

痛点是 IQ 方法的核心。这是对前面环节的延续，也是最终能够吸引住他们的关键所在。这需要我们有先见之明，并做好相应的准备。你在开启任何形式的联络之前必须要回答的至关重要的问题是：他们可能正在面临的、而你又能帮忙解决的业务痛点是什么？如果你对这个问题的回答毫无头绪，那就打消联络潜在客户的想法吧。即便你并不确定自己的答案是否正确，但关键是你心中要有自己的答案。毕竟，暗示他们正在面临业务痛点的并不是你，而是他们的同行。

你所讲述的业务痛点应该是你基于经验总结出来，或者至少是根据你与他们行业或相似行业的其他人的合作而获悉的。如果你还没有与他们行业的其他人合作过，自己也没有一手的信息，那就咨询一下办公室的其他人，问问你们的销售经理和公司里其他销售代表。如果你没有亲身经历，那就利用其他人的经验。如果必要的话，可以做些准备工作，但是一定要努力找出一个你的潜在客户可能正在面临而你又能帮助他们解决的痛点来。

我们继续之前的例子："我知道我可能打扰到了您，但是我想要引起您注意的原因是根据我与其他销售经理超过 12 年的合作经验，他们一直告诉我的一件事情是：当日子变得艰难、资金紧张时，销售教育通常会最终退居次位，销售代表也会转而求助于不良习惯和过时的技巧。"

请一定要注意我是如何陈述这个问题的。我并不是表面上将其搪塞过去，而是讲述了一点细节。我希望达到的效果是，潜在客户会自我思量或者暗自思考，"他说的是对的，我的确面临这个问题。"因此，我陈述得越具体，他们这样想的可能性就越大。

步骤 5：提出请求

下一步就是请求。这只不过是提出请求而已。对于接下来希望发生的任何事情，你要提出相应的请求。这很可能会是一次会面或者是一个安排好的电话沟通。这一步很简单，没有人会做错。

问题是大部分销售人员会略过问候和请求之间的所有步骤。他们会说："您好，我是来自 Doe & Associates 的约翰·乔。我们公司提供个性化的销售培训方案，可以保证取得所承诺的效果。我希望您与我可以在接下来的一周或者两周内拿出几分钟的时间聊一聊。"

在这个例子中，该销售代表直接从第一步迈向了第五步。他越过了可以影响另一个人并与之建立关系的一切重要的环节。这是单方面的业务开发，这是站在销售人员的角度而不是客户的角度去开发业务，但是这种现象一直都存在。请求是很重要的一步，你必须对自己希望达到的效果提出请求。如果你希望对方考虑满足你的请求，那就应该在成功建立案例并抓住潜在客户注意力之后再提出请求。

步骤 6：锦上添花

最后一步就是锦上添花，就像它听起来给人的感觉一样。你已经成功吸引了客户的注意力、通过痛点与他们建立了联系，而且你也发出了会面的请求。第六步就是最后通过利益来强化他们已经做出的决定。我喜欢将其称为"双管利益"。利益就是你的产品或服务会为他们带来的益处。

一个精心设计的利益问题的方案

让我们把整个 IQ 方法的技巧放在一起，就是：

“您好，我是来自 Doe & Associates 的约翰·乔。我们公司提供个性化的销售培训方案，可以保证取得所承诺的效果。我知道我可能打扰到了您，但我之所以想要引起您注意的原因是，根据我与其他销售经理超过 12 年的合作经验，他们一直告诉我的一件事情就是：当日子变得艰难、资金紧张时，销售教育通常会最终退居次位，销售代表也会转而求助于不良习惯和过时的技巧。我在想如果这周的某个时间，您可以抽出 15 分钟和我聊聊，我就有机会向您证明我们个性化的教育展示不仅可以帮助您增加销售额，而且还可以起到提振销售士气的作用。”

这是一个精心设计的 IQ 方案。设计的每一步都可保证潜在客户的充分参与，继而促使关系得到进一步发展。我并没有要求他们做出购买决定或者花费任何金钱。我请求他们做出的唯一决定是，他们是否可以给我 15 分钟面对面交流的时间。

运用利益问题的概括性说明

IQ 技巧可以起到作用，但是我要提醒你，它不会轻快地从你口中说出。在最初几次运用时，你很可能会挂断电话，觉得要说的话太长、太冗杂，但你只需多加练习即可。IQ 技巧的神奇之处不在于你说的内容是什么，而在于你表达的方式。就像是经验丰富的演员会使他们背诵的剧本显得自然即兴，优秀的销售人员也会使自己的 IQ 方案听起来达到同样的效果。如果你的 IQ 方案听起来像是生硬背诵或者是事先写好的，那自然不会起到任何效果。

你应该准备好几个 IQ 方案。你所拜访的每一个行业或者每一种工作类型都应该有与之对应的不同的 IQ 方案。上面提到的 IQ 方案是为销售经理准备的。拜访客户服务经理和高管时，我会准备另外不同的 IQ 方案。

最关键的还是要听起来自然。这就意味着你不能照本宣科地去读。在打电话时，你说话的方式会胜过话语本身，所以你要确保反复练习 IQ 方案，直到可以倒背如流。那时，而且只有那时，你才算真正做好与潜在客户通电话的准备。

如果你是去进行实地拜访，那你同样不可能自己照着一张纸去念你的 IQ 方案。你希望自己以谦逊的态度表达对他们的歉意，因为你的来访打扰了他们的工作。与此同时，你希望自己坚定、自信和开诚布公。

当你走进客户办公区域时，你的肢体语言会胜过你所说的话以及你说话的方式。你看起来必须要像一个自信、真诚的专业人士，说话也一定要自然。

你要确保与对方进行直接的、友好的眼神交流，而且与对方握手时一定要自己先伸出手。

关于握手，最需要注意的问题之一在于，你必须等女士先伸手，或者男女握手的方式要不同于男士之间的握手方式。事实上，至少在美国，握手是一种不分性别的交流方式。通常来讲，对女士而言用力过度的握手，对男士而言也是过大的。握手不是力量的展示，握手需要有力度，但是手关节不能向后弯曲或者变白。我不愿告诉你有多少女士曾经对我说过，她们下定决心不和某些人做生意的原因只是因为他或者她不懂如何与她们握手。这或许是件小事，但是小事非常重要。

我将会在第 4 章更深入地论述声音和肢体语言这两个主题，但是千万别搞错：你刚开口时说的话、你说话的方式以及你说话时的表情一同构成了你与客户之间最重要的时刻。如果双方关系从未开始，那么你就无法与客户真正建立关系。

得到当面沟通的机会是销售的第一步。如果你停留在一垒，那么你就不能转向二垒。你必须要抓住潜在客户的注意力，并且要在双方眼神或者声音交汇的那一刻激发他们的兴趣。这是你必须具有感染力的第一次机会，一定要好好把握。

CONTAGIOUS SELLING
销售情商箴言

1. 在任何关系中，最重要的时刻就是你和另一个人刚开始接触的时候。这是迅速与客户建立关系的黄金时机。
2. 无论你销售的是什么，你都需要提前做些准备。最起码你要确保自己在心理上已经做好了销售的准备。
3. 充满激情似乎是一个非常简单、非常基本的要求。普通的销售人员做成生意之后才会感到兴奋，而卓越的销售人员一开始就会感到兴奋。
4. 销售人员之所以没有赚到他们想要赚到的钱，原因只有两个：第一，他们从没花费时间去计算他们的个人公式；第二，他们没有完成每天必须要实现的尝试联络的次数。
5. 从客户的角度开发新业务最好的方法是 IQ 方法，它包括六个步骤：问候、理由、关系、痛点、请求、锦上添花。

04

如何让你变得富有感染力

CONTAGIOUS SELLING

HOW TO TURN A CONNECTION INTO A RELATIONSHIP THAT LASTS A LIFETIME

在这一章中，我们将会仔细探讨口头语言和肢体语言的科学性及其在具备感染力时所发挥的作用。换句话说，这是关于你的声音和表情的科学，即听觉和视觉的科学。

当你和其他人交流时，如果根据话语、声音和视觉表现哪个最具说服力来对它们进行比例划分，有关划分结果的数据存在很大分歧。但是大多数情况下，你实际说过的话约占7%，说话的声音占38%，剩下的55%是你说话时的表情。关于初次与潜在客户接洽时最适合说什么，我已经给出了自己的答案。因此，让我们从上次暂停的地方继续讨论，更仔细地探讨一下能让我们变得富有感染力的声音和视觉特质。

我们已经探讨了商业关系是如何折射私人关系的。相同的动态因素也适用于任何一种关系。在广告界，相同的模式称为注意力、兴趣、欲望和行动（Attention，Interest，Desire and Action，AIDA）。任何高质量的广告都会按顺序依次带领潜在客户体验所有的步骤。错过任何一个步骤或者任何一个环节错位都会破坏整个过程。销售、交朋友或者是浪漫爱情同样如此。你必须首先吸引对方的注意力，继而激发他们的兴趣、创造欲望，最后激发其做出行动。这是很通用的规则，而且非常简单。虽然听起来非常简单，但是真正做到却并不容易。

声音的科学：副语言学

我们在销售中使用的词语对于赢得潜在客户的注意力至关重要，但是真正能够激发对方兴趣的却是声音和视觉线索。就像在任何私人关系中那样，能够激发对方兴趣的是那些细微的、貌似不易察觉的事情——一瞥、一个眼神、一个动作以及我们声音的音调。声音的科学并不是一门新科学，它通常被称作副语言学（*paralinguistics*），国内很多学校和大学的人际交往课程中也设置了这门课。也有不少书籍专门以这门学科为研究主题，如果要对其进行全面叙述的话，恐怕将会占用一本书的篇幅。然而，重要的是，我们至少要涵盖该学科的基础知识。因为，我们说话的声音会传达出可以激发对方兴趣的情感和潜意识信号，这是非常不可思议的。

发声模式

总的来说，发声模式主要有四种，但是衡量声音的方式只有两种：语速和音调。为简单起见，我一直都将这四种模式称为语速慢而音调高模式（Slow Rate/High Inflection，SRHI）、语速慢且音调平缓模式（Slow Rate/Low Inflection，SRLI）、语速快而音调平缓模式（Fast Rate/Low Inflection，FRLI）和语速快且音调高模式（Fast Rate/High Inflection，FRHI）。你可以猜到，每一个简写中的第一个字母代表的是说话的速度，第三个字母代表的是音调。

SRHI 型说话者

这些人说话的速度介于缓慢和正常之间，行为举止以悠闲、放松为特点，并伴随让人感觉温暖的手势和友好的音调。他们的声音中有很多音调，肢体语言展现出开放性的一面。他们乐于微笑，所有的情绪也都会流露在外。他们易于交谈，你很容易了解他们；而且，如果他们喜欢你，你就会很容易和他们成为朋友。与谈话者相比，他们更善于做听众。他们往往会特别专注、忠诚，但是他们也期待从你那里得到同样的关注和忠诚。出于这个原因，他们会成为很难对付的客户。对他们来说最重要的是感觉。他们希望自己喜欢上你，也希望你能喜欢他们。在他们感觉和你相处轻松自如之前，他们很难轻易地做出决定。

SRLI 型说话者

这些人说话的速度介于缓慢和正常之间，但是，与 SRHI 型的说话者相比，他们的语气、手势和肢体语言都更慎重、更机械，就好像他们所说出的一切都是经过深思熟虑的。他们在社交场合下通常会感觉不自在，也会避免对着一大群人讲话。他们力求精准、善于分析，而且他们也要求你做事精确、讲求时效。他们对于表达非常谨慎，只有当真的需要时才会分享信息。因此，他们非常难以了解，也难以与之建立联系。对他们而言，最看重的是数据和细节，因此，他们从来不会单凭直觉就草率地做出决定。事实上，他们是缓慢的、有条理的决策者。他们想要了解你是否已经做了准备，而且希望一切都落实于书面上。

FRLI 型说话者

这些人讲话的速度介于常速和快速之间，但是说话时音调较低。他们给人的印象是有威信、很坦白。他们不会表现出太多的面部表情或动作，他们喜欢那些能够开门见山、直奔主题并且不浪费时间的人。他们回答问题经常只用一个词，而且如果你说话不够简洁，他们会表现出不耐烦。对他们而言，最重要的是时间。尽管他们可以很快做出决定，但你很难搞清楚他们的立场是否与你相一致。他们拒绝让你接近，而且他们更喜欢通过电子邮件和快速的语音信息来通信。

FRHI 型说话者

这些人讲话的速度介于常速和快速之间，但是音调较高，而且可以自如地使用肢体语言和生动的面部表情。他们被称为是社交场合中的活跃人物，而且可以毫无障碍地与任何人开始交谈。比起做一个好的倾听者来说，他们更善于交谈。对于自己不感兴趣也未参与的事情，他们的注意力持续时间会很短。他们会快速做出决定，因而经常会忽略细节。对他们而言最重要的是能量。他们喜欢能量充沛且有趣的人。他们好像永远都是乐观主义者，而且极具浪漫情怀。然而，他们很容易产生厌烦，因此，他们往往不是很忠实。他们很难抵抗短暂一时的流行潮流的影响，也会轻易被下一个走进门口的、花言巧语的销售人员所吸引。

识别人们的发声模式

那么，所有这一切是如何关联的呢？首先，识别某人的发声模式并不是一项性格型号分析训练。尽管我对每一种模式都给出了一些代表性的性格特征，但是我们每一个人都会使用这四种模式。我们可能会有一个主导模式，但同时我们也会根据相处的人是谁以及不同的情形和环境而采用不同的模式。这是很常见也很自然的事情。或许我生来就是一个 FRHI 型的说话者，但是在星期天下午，你会对我为什么会变成一个 SRHI 类型的说话者感到百思不得其解；而且，如果我在压力之下感到紧张，我也会变成一个 FRLI 型的说话者；然而，在其他情形下，我还可能会是 SRLI 类型的说话者。我们所有人都同时具有这四种模式。

重要的不是给人们贴标签，而是要在具体的时刻及时识别出他们正处于哪种模式，继而才能对症下药。有人将其称为反射或随机应变，但我只是将其称为“保持敏感”。我可能喜欢和 FRHI 类型的说话者互动，但是，如果我需要向一个 SRLI 类型的说话者销售商品，而我对他或她与人交流的方式不敏感的话，我们之间肯定会产生冲突。

若想要真正对此精通，你就必须改变自己对黄金法则的定义。我们的父母曾教给我们的圣经中的黄金法则是：“你想要别人怎么对待你，你就怎么去对待别人。”换句话说，我们应该用希望别人对待我们的方式去对待他人。这是个卓越的理论，我当然不会对这个永恒的智慧所传达的精神吹毛求疵。然而，在实际的关系构建中，该黄金法则却有其自身的不足之处。如果在生活中遵循该黄金法则的话，我将会用我希望别人对待我的方式去对待每一个人；我将会按照我希望别人和我做生意的方式去和他人做生意；我也将会按照我希望对方和我互动时采用的方式去和客户进行互动。

但其不足之处在于，并不是每一个人都喜欢我期待别人对待我的方式，也并不是所有的人都希望按照我喜欢的方式去做生意，或者按照我喜欢的互动方式来互动。在销售界，我们需要一个新的黄金法则：“要按照对方喜欢的方式去对待他们。”这听起来好像老掉牙了，却是忠告。

保持敏感，不要按照你的偏好而是要按照对方的偏好去与他们互动。通过快速地识别他们交流时的发声模式，你可以而且应该暂时收起你自己偏爱的说话方式，并要设法去配合他们的说话方式。既然我们已经确定所有人都会使用这四种模式，那么这样做就不是弄虚作假或者操纵别人，而只是通过展示与他们所表现出来的相匹配的一面来保持敏感度。这就是要与他人保持步调一致、志趣相投。只要两个人真的合得来，真的投缘，这就会很自然地、下意识地流露出来。通过识别另一个人的声音模式并对其时刻保持敏感，你可以有目的性地而不是偶然地展示自己的感染力。

风度是怎样炼成的

感染力的视觉方面甚至更加复杂。我们的外表、我们的肢体语言、我们的环境还有我们的外在表现都包含视觉方面的因素。把所有这些加起来就是我们所说的风度。如果你不确定我说的风度是什么意思，那也无妨。这是一种很难描述的特质，但是却非常容易识别。《韦氏大词典》中对风度作了如下的定义："一种关于姿态和效力的可贵特质。"正是这种无形的特质才使人注意到你并仰慕你。它是种"有英雄色彩的"特质，它显而易见，也极具感染力。有很多因素可以造就某人的风度，但是我将会着眼于我认为最重要的三点。

眼神中所迸发出的信念

第一点是信念，它不是矫揉造作的、暂时的或者由于事件驱动而产生的信念，而是你坚信自己正在做的事情和所销售的商品而表现出来的真正信念。真正的信念不能伪装，它总会，或者不会，从你的眼睛中流露出来！是的，就是你的眼睛。眼睛是最棒的销售工具，反过来说，眼睛带给销售的损害也最大。你的眼睛所传递给客户的信息要比你所说的话传递出的信息多得多。你的眼睛会展现出你的自信、投入、信仰、激情、真诚、正直、谦虚、诚实和乐于为人服务的精神。人们可能仅仅会依据你的眼神中所流露出来的表情在潜意识中迅速做出对你的判断。你明白一个眼神或者一瞥在浪漫爱情和私人关系中所拥有的力量。一见钟情确实存在，尽管这不一是真爱，真爱需要一点时间去培育，但是初次相见肯定会迸发出火花。在销售和商业关系中也同样如此。就像我之前所过的，关系就是关系。

我永远也不会忘记多年前我为会见规划师曾经参加的一次会议。我是这次会议的发言人。以前我几乎从未在自己发言之前或讲话完后还在周围逗留那么长时间，但这次我确实逗留了很久。我参加了一个旨在教导与会的规划师如何与酒店的销售人员交涉并且从他们那里得到最优惠价格的培训会。我听得如此入神，甚至对会议作了记录。研讨会的领导列举了 10 条获得最佳交易的秘密。我会在第 7 章作更多的解释，但是列表上的第一项就是：要注视销售人员的眼睛！我简直不敢相信我所听到的话。

多年来，我一直跟销售人员讲，眼睛是他们所拥有的最重要的销售工具，但是我从来没想过竟然有人也教买主首先要注意销售人员的眼睛。研讨会的领导继续讲道：“买主仅需要通过销售人员的一个眼神，就能立刻辨别出可以在多大程度上促使销售人员给出更优惠的价格，”研讨会的领导接着说，”眼睛也会展示出销售人员是否可以信赖和依靠。如果他们的眼睛中流露出坚定和深邃，那么他们就可以信任。如果这个销售人员避免直接的眼神交流或者在进行眼神交流时表现出紧张、迟疑或者表情古怪，那么买主就不应该和与他们建立任何一种商业关系。”这真是一次让我大开眼界的会议。请原谅我在此处的一语双关。这证实了我们的眼睛在建立关系中是多么的关键。

在这里，我要说的并不是，任何与你打交道的人都曾被教导过的要把注意力放在你的眼睛上，并以此作为决定是否与你合作的试金石。我要表达的是，在这一点上，人们并不需要接受什么指导，他们自己就会形成对对方的印象，并由此迅速做出判断。我清晰地记得自己爱上我妻子的那一刻。我们刚好在绕着街区慢跑，当我们回头看我公寓上方的电视时，我与她擦肩而过，她身子往后一靠，朝我看了看，好像要说谢谢。我们的目光相遇，这种感觉是我以前从未体验过的，也就是在那一刻，我心中想她就是我要找到的那个人。

任何人都无须告诉我眼神的重要性，我并不需要学术上的解释，我明白自己的感觉。销售行为或许并不是那么带有戏剧性，但是这样富有戏剧性的时刻却往往会出现。可能任何一方都没有意识到，但是它或许就是风度视觉动态的一部分，可能刚好就是可以促使一段关系开始的火花。你要确定培养出对自己所销售商品的喜爱和对服务的投入，这样你的眼睛才能向你的客户展示出你的信念。

拥有人生目标造就你势不可挡的气势

风度的第二个要素就是目标。不要把目标和理由相混淆。你有理由去开展销售拜访，因为你希望做成一笔生意。你甚至可能有一个安排好的会面，理由很明显，你的潜在客户对此也理解。所有的销售人员都有销售的理由，但是很少有人拥有目标。能够迅速验证你是否拥有目标最好的一个测试就是看你是否可以将下面这个句子补充完整："如果我可以在这个世界上做一件事，并因此能够挣到钱，那它将会是__________。"不管你的答案是什么，这个问题都是挖掘你的目标的关键。希望你给出的答案与你正在销售的商品相关。

一直以来，我经常告诉销售人员，在他们接下来的生命里，不要再进行任何单个的销售访问。各个地方的销售经理听到我说这句话时都会畏缩，但这却是忠告。有谁愿意做销售访问？这一听像是工作，其实没有人喜欢工作。取而代之，我告诉销售代表要着手开启一场销售运动！一场运动就是一个使命，它是一个目标，它代表你全力坚信你正在做的事情。如果你可以将娴熟的销售技巧、真正的激情与你坚信你正在做的事情正是你来到这个地球上的使命的信念相结合，那你绝对会变得势不可挡、极具感染力。

这里有一个我们很多演说家都经常会讲到的关于树立目标的著名故事。我不确定这个故事的起源是什么，但这的确是一个好故事：

一天，一个人在一个采石场遇到了三位采石匠。每一个人都在切割一块大石头。他感到很好奇，就过去问第一个采石匠他在做什么。“我在干什么？你看不见吗？”采石匠喊道，“难道你看不到吗？我正在切割这块愚蠢的石头。”这个人感到很震惊，但是依然没明白，他又转向第二位采石匠，问他在做什么。“我正在切割这块石头，好使它的每条边既直又平滑，这样建筑工人就可以用它砌成一面直墙。”这次他感觉好多了，但是依然不确定他们每人到底在做什么，于是，他又转向第三个采石匠，他似乎是这三个人中看上去最开心的一位，这个人就问他正在做什么，第三个采石匠回答道：“我正在建一座大教堂。”

这则故事的寓意显而易见。第一位采石匠仅仅是在做他的工作，他并不喜欢自己的工作，他从事工作的唯一原因就是为了获取工资报酬。很多挣扎求生的销售人员就属于这一类。这不是一个使命，而只是一份工作。对于这一类的销售人员来说，他们流动性很高，事业满足感很低。即便是在最好的情况下，他们所取得的业绩也是不稳定的。

第二位采石匠以他的工作为荣。他从他的上级那里得到了某些指示，他正在勤奋地遵循这些指示。大多数的销售人员属于这一类。他们喜欢自己的工作，也喜欢出色完成工作之后随之而来的荣誉和认可，尤其是能够得到金钱的回报。

第三位采石匠拥有自己的人生目标。他知道自己正在做什么、为什么要这样做。虽然他依然享受工作带来的荣誉和金钱，但是这份工作并不仅仅和这些东西相关。他工作的目的是要帮助人们，而且他最终会为他正在做的事情感到骄傲。很少有销售人员属于这一类，但是这一类的销售人员都是能够取得最高成就的人。

我自己的职业生涯也同样经历过这三个阶段。我的第一份销售工作是出售空气过滤器。我想要这份工作，是因为我喜欢销售，而且我认为自己会十分擅长做销售，然而它仅仅是一份工作，它帮助我购买了我离开父母独立生活后的第一套公寓。但对于公司雇主来说，它不仅仅是份工作。他解雇了我，因为他知道我没有全身心投入地工作；我的第二份工作是销售黄页查号簿，我下定决心要从过错中吸取教训，于是就设定了目标，满腹热情地工作。于是我很快就升职了，得到了一个有权利的职位。我很享受这份工作和工作中取得的成就，但是，我依然不认为这是我一生的使命。

我的第三份工作是销售我自己开发的销售培训方案。这是我第一次感觉自己有了真正的目标。我爱这份工作，而且我现在依然在做这份工作，但是这也并不意味着我的销售之路一帆风顺。我经历过很多非常艰难的时刻，考验我是否能坚守这一目标。有时候我也想要放弃。我记得在我的经历中曾有过这样一段时间，我在床上辗转反侧，久久不能入睡，思考着自己是否应该就此放弃，然后试着找点其他的事情做，做点更稳定的事情。

或许，就像我妈妈说的那样，我应该找一份“真正的工作”。那时，我在婚礼誓言中所说的一些话猛然出现在了我的脑海中。我结婚了，不管以后是好是坏，是贫穷还是富有，没有人说过婚姻一路会一帆风顺。实际上，任何真正美好的事情从来都不会一帆风顺。就是在那个晚上，我放弃了追逐名利和财富，继而致力于改变人们的生活。我知道这听起来像是老生常谈，但是无论是好是坏，贫穷或是富有，我都深爱着自己的追求。那一晚，改变人们的生活成了我追求的目标，后来我的事业开始腾飞了。我依然会有艰难的时候，也依然会有怀疑自己的时候，但是这样的时候越来越少了，而且间隔的时间也越来越久。目标可以给每一种职业带来改变，而对于销售界而言，这就是优秀与卓越之间的不同！

保持谦逊低调是自信最好的表现

风度的第三个要素是谦逊。从表面上看，同时拥有自信和谦逊好似相互矛盾的。如果自信与谦逊这两种品质中有任何一个不是真正具备的话，两者确实是相互矛盾的。然而，拥有真正的自信也意味着能够展现、而且也愿意展现出自己谦逊低调的一面。一个令人惊讶的重要事实是：当你表现出谦逊时，你也会相应地展现出自信来；当你脆弱时，你也会相应地表现出坚强来。只有一个内心非常自信的人才会敢于向人展示出不同程度的脆弱。关系是现实的，它们并不完美。销售中最大的误区之一就是销售中绝对没有犯错的余地。事实上，销售中不仅有犯错的空间，而且犯错也是不可避免的。或许存在完美、零差错的交易，但是在关系的发展过程中一定会有错误发生。当错误发生或者事情出现偏差时，正是你处理问题的方式能向客户展示真实的你。

客户对于商务关系的期待与他们对私人关系的期待一样。他们希望获得真诚、真实、正直和承诺，他们希望建立合作关系。为了达到这样的目标，接下来的三个简单却有力的句子是展现谦逊并建立更强大的合作关系的最好方法。

“我不清楚。”

当你不能立即就对方可能需要答案的事情作出解答时，对方可能会生气，但这并不会破坏双方之间的关系。然而，如果你不负责任地胡乱作出回答，或者说了某些最后被证实是错误的话，那样才会破坏关系。承认你不知道某些事并不会违背诚信，但是如果你说了错误的话或者是某些可能错误的话，那就会严重违背诚信原则。因此，如果确实有事情出了问题，你要立即承认。

在公关中，有一条这样的古训：如果你承认了一件负面的事情，市场就会以一件正面的事情予以回应。但是，如果你对错误的事情拒不承认，那么市场就会使负面事情的严重性加倍。我们曾见证过多少政客笨拙地解释、争辩、掩饰自己的错误，其实我们都知道，如果这时他们能够站出来承认错误，事情最终会向着有利于他们的方向发展。这仅是一个关乎正直诚实的问题。

把你作过的承诺付诸实施或者不去履行也是如此。如果你说过 5 分钟后会给某人回电话，就要确保一定是 5 分钟。超过 5 分钟在 15 钟之内回电话看似是一件无关痛痒的小事，但是如果这个人由此不再相信你说的话，那么他或她就不能

（或者不会）信任你这个人了。我会在第 8 章中对信守诺言做更多的论述。

“您或许是对的。”

这句话可以最终使问题得到缓和。对于任何销售人员来说，与客户陷入孰是孰非的争论之中几乎永远注定是一个败局。如果你证实了你的客户是错的，虽然你会自我感觉良好，但是他们会感觉很糟糕。而如果你的客户证实了你是错的，他们会感觉很好，你又会感觉很糟糕。

若想要双赢，你仅需这样说：“您或许是对的。”你这样说并没有表明他们是对是错。你表达的意思仅仅是存在这样的可能性。除非争论的问题关乎伦理道德或者是有关犯罪的事情，否则一定要选择保险的方法，尽力使关系持续下去。毕竟，“很难说！”是我一直以来最爱的另一句箴言！

“您怎么看？”

这个问题不仅会展示出你的谦逊，而且它也是一个授权的问题。这是个邀请对方参与的问题。它表明，你不仅重视他们的观点，而且想要知道他们的观点。销售人员经常说，他们重视客户的观点。但是问题在于，他们从未邀请客户去发表自己的看法。关系是建立在交换之上的，是个性、观点以及互利协定的综合。每当有机会时，你都要问一下对方的想法。你会对你了解到的事情以及它会如何促进关系的进展感到惊讶。

很难区别所有这一切中哪些是真的科学，哪些只不过是简单的常识。若想具有感染力，确实需要遵循很多绝对的注意事项。但是，感染力在更多的意义上不是有形的，而是无形的。最后要说的是，感染力的科学色彩少了点，而浪漫成分多了点。

CONTAGIOUS SELLING
销售情商箴言

1. 销售、交朋友或者是浪漫爱情都是一样的，你必须首先吸引对方的注意力，继而激发他们的兴趣、创造欲望，最后激发其做出行动。
2. 我们在销售中使用的词语对于赢得潜在客户的注意力至关重要，但是真正能够激发对方兴趣的却是声音和视觉线索。
3. 在销售界，我们需要一个新的黄金法则："要按照对方喜欢的方式去对待他们。"这听起来好像老掉牙了，却是忠告。
4. 正是风度这种无形的特质才使人注意到你并仰慕你。它是种"有英雄色彩的"特质，它显而易见，也极具感染力。三个重要因素可以造就一个人的风度，那就是信念、人生目标和谦逊低调。

05

重燃对新事物的好奇心

CONTAGIOUS SELLING

HOW TO TURN A CONNECTION INTO A RELATIONSHIP THAT LASTS A LIFETIME

我们目前处在与客户面对面的关系节点上。在这一章中，我们将会探讨面对面销售的各种动态情境，继而确定建立感染力、推动关系向前发展的因素。

销售人员最应该拥有的品质：好奇心

我从事演讲并对销售代表进行培训已经有 25 年的时间了，我也曾有幸在一万多人面前做过演讲。在我的职业生涯中，我被问及最多的问题就是：一个销售人员应该拥有的最重要的品质是什么？我可以说出很多，例如：热情、目标导向、坚持、组织力、魅力和口才。然而，如果我只能说一项最重要的品质的话，那绝对是好奇心。

真正的好奇心是迄今为止一个销售人员可以展示的最具感染力的品质。这与你说的话或者所做的事无关，而与你本人有关。这是一种需要由内及外所焕发出来的品质。你有好奇心不仅表明你对他人比对自己更为关注，还表明你想要理解他们面临的需求和挑战，表明你想要和他们建立深层次的联系，更表明你在乎。

如何培养你的好奇心

那么，接下来的问题是：销售人员如何才能变得有好奇心或者比他们目前更具好奇心呢？对于刚起步的人，我相信每一个人天生都具有好奇心，当然，有些人比其他人更强烈，但是每一个人都有与生俱来的好奇特质。很多因素，包括教养等都会影响一个人的好奇心。此外，有数据表明，随着我们逐渐长大，好奇心反而会逐渐减少。好奇心是一种我们必须持续培养的品质，否则我们就会逐渐失去它，直到它几乎不存在，这有些类似于“用进废退”。既然它对于销售和感染力如此重要，我就用整个章节来讨论我们如何才能更具好奇心。也许你有很多方式可选，但我认为培养好奇心最简单的方法有以下四种：瞄准你的客户，提问题，做一个好的倾听者，对事物着迷。

瞄准你的客户

我倾向于把“瞄准”说成一项艺术，因为它很容易理解但很难付诸实践。在进行销售拜访时会有无数事情妨碍我们集中注意力，我们会因此而分心。销售拜访会因一个电话、一个人的突然出现或者其他意想不到的事情而被打断，如果每被打断一次，我就会得到 1 美分的话，那我将是一个非常富有的人。常言道："这样的事情总会发生。"此外，更糟糕的是，大多数销售人员假借建立和谐关系的名义，在不经意间给自己制造了障碍。对此我要解释一下。

多年来，在美国的每一场销售培训研讨会上，销售培训师几乎都会教销售人员要走进潜在客户的办公室，并注意观察他们周围的环境和装饰，以此试图迅速与客户建立和谐关系。培训师会告诉我们，要注意潜在客户的芝加哥小熊队的旗帜，并以激光光束般的速度说："看得出你是小熊队的粉丝。今年他们最终会赢吗？"或许，当我们看到客户的南加利福尼亚大学的文凭时，他们会教我们这样问，"我知道您来自加利福尼亚。是什么原因让你来了东海岸呢？"

这种肤浅的展示好似无伤大雅，而且这种方法刚开始被采用时确实很有效。但是这些年随着越来越多的销售人员使用这一策略，它不仅已经失去了有效性，而且它所带来的对关系的损害远远超过了它的好处。买家们都理解，而且承认这是一种销售策略。任何可以被买家识破的销售策略都不会再有任何效果。现在这种策略的效果与私人关系中劣等搭讪所能取得的效果一样。如果对方认为你所展现出的兴趣毫无诚意可言，那这种策略决不会产生任何效果。销售也是一样。

就像我已经提到的（而且在第 7 章会继续提到），我甚至参加过教买家们识别特定的销售策略并对其予以攻破的培训会。其中一个攻破销售策略的对策就是，决不能邀请任何一位销售人员进入你的私人办公领域。买家们被告知，如果他们不得不与销售人员见面的话，他们应该将见面的地点选在大厅或者会议室，因为这些地点都是中性场所。买家们学会了如何去打消销售人员询问他们私人偏好的意图。如果你从事销售行业时间较久，我敢打赌，你立马就能回想起那些你不得不在会议室进行销售展示的实例。买家们这样做并不意味着他们都曾接受过正式的培训。但是，如果情况真是如此的话，它至少表明，不管什么原因，你的潜在客户都不想让你进入他们的办公室。

因此，我的解决方案是瞄准他们，而不是他们周围的环境。采取这种方法就不会有人指责你使用老掉牙的销售策略。不仅如此，我相信这种方法还更行之有效。你一开始就要切入正题，并时刻将注意力放在要传达的信息上。会面握手就座之后，就要立即集中注意力说："今天有机会跟您聊天我非常兴奋。我深信我公司（或产品或服务）对您来说将会非常有价值。但在我详细介绍我为何这样说之前，我想先了解一下您的公司。"这样的开场白可以起到以下两个效果。

第一，它可以让对方对你可能要说的话产生兴奋感和期待。你应该充满激情地谈论你去拜访他们的原因。谈论棒球、天气或者任何与拜访客户不相关的话题都只会是干扰。如果客户首先提出这些话题，那么你完全可以对这些问题予以回答。我不是建议你做事刻板或者不要谈论私人话题。我想说的是，你要让客户先开始谈论私人话题，而不是你先开始。强行进行私人对话对建立融洽关系的伤害远大于对其的帮助。相反，你应该把握主题，让他们知道你迫不及待想要借此机会展示你的服务。引起客户好奇心的说法必须要真诚，我认为这应该是你在寥寥几句问候寒暄之后首先开口所要说的。你希望潜在客户能够看到你眼神和话语中的激情，同时也能从你散发的能量中感受到你的激情。

第二，它可以让你掌握控制权。每一个销售会面中都会有人掌握控制权，而我希望这个人是你。如果你的潜在客户发觉你事先没有计划，他们就会掌握控制权。他们将会说“那么就告诉我你有什么吧”或者“我只有几分钟的时间，请快点说”这样的话。这些都是他们想要掌握控制权的征兆。如果你从一开始就掌握了控制权，你通常就可以避免听到诸如此类的话了。然而，如果你的确听到了这类的话，很简单，你只需重申一下：你需要首先对他们做更多的了解。成功的销售访问有固定的顺序，不要让潜在客户使你偏离主题，打乱顺序。

提能引起客户思考的问题

培养好奇心的第二种方法是提问题。这似乎看起来是一个非常简单基础的方法。但是，我谈论的并不是仅为了提问题而去提问题，也不是随便提问题。我要谈论的是去问那些可以促使潜在客户思考的问题。这是大部分销售人员都有可能错失的最大机遇。每一个销售人员都会提问题，但是所提的这些问题是否恰当呢？在问这些问题的时候，他们头脑中是否有一个特定的目标，还是仅为收集表面的数据？此外，在提这些问题的同时，你应该做什么呢？提问题无疑有两个主要目标：（1）让客户看到你与其他销售人员的不同，（2）收集信息。

通过提问展现出你的与众不同

对于第一个目标，你所提的问题要能让你从潜在的客户所见过的其他销售人员中脱颖而出。你要促使潜在客户去思考。

我永远都不会忘记我曾与一家人力资源公司的销售人员一起做过的那次销售拜访。她问了客户几个问题，甚至匆匆做了些笔记。大约 3 分钟后，客户打断了她的问话，问道："是不是每一个人力资源公司的销售人员都参加过一样的销售培训课程？因为你们所有的人都问同样的问题。"

我努力压制自己得意的笑，但是我知道，答案当然是"是的"。

不幸的是，并不是只有人力资源行业的员工接受过这样的培训，很多销售人员接受的培训都是如何围绕交易去提问题。他们会问很多有逻辑性的问题，而这些问题都是围绕着如何在短时间内就能获取促成生意的必要信息而发问的。然而，我们提的问题应该是可以让潜在客户思考并且把我们定位为战略伙伴的那些问题。我们的注意力应该放在建立一个长期客户上。我一直都在说，普通的销售人员的目标是做成一笔生意，而卓越的销售人员的目标却是交朋友。

我建议要问具有战略性意义的问题，而不是逻辑性的问题。我建议问开放式的问题，而不是闭合式的问题。开放式的问题不能用一个“是”或者“否”来回答。它们通常以“谁”、“什么”、“哪里”和“为什么”开头。我提供的几点建议是：你可以去问潜在客户他们是如何取得目前的成就的，他们的背景是什么，他们与其竞争者的不同之处在哪里，他们的竞争者做的哪些事是正确的，是什么使他们的公司成了员工向往的地方，他们公司的发展规划是什么，哪些活动和/或产品给他们的投资创造了最高收益，他们面临的最大挑战是什么以及什么是他们最想达成的愿望。依据你所出售的不同商品，这些问题可能需要稍作修改，希望你现在能明白我要表达的意思了。

我希望你的潜在客户会给出诸如“这是个好问题。以前从来没人这样问过我。”或者甚至是“为什么你想要了解它呢?”之类的反应。这样的话，你就有机会这样回答：“我所感兴趣的并不是仅仅做一次性的销售。我想要完全了解您、您的公司以及您的需求，以便在接下来的 20 年里都能与您一起合作!”

通过你所提问题的种类可以揭示出很多信息。即使你的潜在客户对你的问题感到生气，但他们在内心深处还是会很赞赏你想要对他们做更多了解的好奇心。当你已经识别出客户用的是语速快而音调平缓（FRLI）或者是语速慢而音调平缓（SRLI）的说话风格以及他们的人格特点时，你或许想问一个闭合式问题，这也是你唯一可以问闭合式问题的机会。闭合式问题通常以诸如能够、确实、应该、将会这样的动词引发。识别客户的声音模式，继而使你的问题和他们的交流风格相匹配，这样你就会收获累累硕果。

提问题以收集信息

提问题的第二个目标当然是收集信息。一直以来让我惊讶的是，当我问及销售人员他们收集信息的用途时，很多人竟然不能给出明确的答案。这就好像他们知道需要通过提问题去收集信息，但并不确定如何使用这些信息一样。有些人表示，他们提问题就是为了向客户表示他们在乎。很多客户也确实会以同样的方式回应，我们将会在这一章节的后半部分对此进行讨论。也有其他销售人员表示，他们提问题只是因为想要了解客户，这些问题会对他们了解客户有帮助。

然而，收集信息还存在另外一个目的，那就是在此之后对信息的使用。这就是你在提问题时绝对有必要记笔记的原因。记笔记可以向客户传达出这样的信息：他们所说的话很重要，而且你想要记住他们所说的话。不管怎么说，这都是你确实想要做到的事情。你想要对他们所说的话做书面记录，以便在会面很长时间之后，你依然可以通过阅读笔记再次将其回忆起来。

此外，提问题的另一个目的是去发现某些可以帮助你完成交易的信息。如果你认真倾听并记好笔记，所有的客户都会准确地告知你所需要了解的信息，而这些信息是你成功向其销售产品所必需的。这不仅会揭示他们或许正在销售人员身上所寻找的信息，而且他们还有可能会告诉你一些以后会对你更有价值的信息。例如，我喜欢问客户他们聘用和培训一个新的销售人员的成本是多少。客户经常不理解我为什么想要获取这个信息，但是，我之后却可以在演讲中使用这个信息去支撑我的论点：公司对于新的销售代表的投入极大，只为在他们事业的发展过程中花费比这个数额极低的成本。这仅是巧妙提问以支撑后续论点的一个例子。

做一个好的倾听者

培养好奇心的第三个方法是去做一个好的倾听者。这个方法看似平淡无奇，但它的不同凡响之处在于，倾听的关键在于让对方相信你正在听。换句话说，如果你认真倾听了但客户却感觉不到，效果反而不如你虽没仔细听却能给客户认真倾听的感觉。后者会更有助于你营造与对方的和谐关系。当然，最好是既能认真倾听又可以让客户感觉得到。但是，销售人员常常会破坏他们自身的倾听过程，因为他们无意中传递出的信息会让客户认为他们并没有真的在听，对此我感到惊讶。有 10 种自然的听力障碍，在这些情况下，哪怕你真的在听，它们也会传递出你并没有在听的信息。我发现可能还存在着更多的听力障碍，但以下这些听力障碍却是最普遍的会冒犯他人的障碍。

1. 走神。谁不会为走神而愧疚或者谁不曾为走神而愧疚过呢？答案当然是：大家都曾因走神而愧疚过！走神是注意力不集中的表现。这或许是因为你很难集中注意力或者是因为你根本不关心所听的内容。我们都有难以集中注意力的时候，我知道我或许患有成人注意缺陷多动障碍。但是，即使没有这个恰当的借口，我的思绪也总是在游离。尤其是在休假或者节假日的前几天更糟糕，因为那时我们已经开始设想我们在沙滩上的某个地方或者坐在壁炉旁品着热乎乎的咖啡了。不管怎样，我们都需要将注意力集中在我们的客户身上。我们绝对不希望自己迫不得已这样说：“很抱歉，你能重复一下你刚才所说的话吗？我刚刚做了场白日梦！”

2. 物质干扰。这就是我们的注意力被外在物质的事情分散的时候。这些干扰可能是客户办公室里的某物或者是他们挂在墙上的东西，也有可能是他们穿着的衣服或者他们自身的原因。我记得有一次，我完全被一个客户的眼睛分散了注意力。我记得我当时在想自己有生之年从来没有见过这么厚的一副眼镜！这幅眼镜肯定有一英寸厚。我知道我也被领带、手表和鞋子分过心。客户不仅会非常清楚地意识到这些外在的物质对你带来的干扰，而且他们还会感到尴尬，从而阻碍了和谐融洽关系的建立。他们就会立即对你做出草率的判断，而这个判断很有可能并不是对的。一切只因为你可能一直都在欣赏他们的鞋子！

3. 评价对话。这是你评价与客户先前的对话的时候。这时你或许在想自己此刻的表现如何、他们刚才为什么那样说，亦或许你只是在脑海中再现了某些东西而已。不管怎样，这样做对你不利，因为你在评估他们之前表达的观点的时候会错过他们现在正在说的话。你一定要将注意力集中在他们正在说的话上，而不是他们已经说过的话上。之后你会有很多时间来评价分析。

4. 制定战略。这是评价的后续形式。这是关于对接下来要说什么所做的战略准备。当你在脑海中构想你接下来要说什么的时候，你就听不到客户说的话，而且你可能会错过很有价值的信息。

5. 加快进度。你会不知不觉这样做。你可能很匆忙，会面的时间比理想中要少，所以你的思维会在潜意识中高速运转。当我为此感到焦虑时，我就会开始频频点头，就好像试图要将事情的进度加快。我认为我只是在表达认同，但我实际上向客户传递出的信息是“你要抓紧时间”。如果你真是在听的话，这样做倒也无妨，但是一定要记住，除非你的客户也认同你确实在听，否则不要这样做。

6. 无声的辩论。这是指我们在脑海中对双方之前所谈论的事情做辩论的时候。我们马上就会对其分解，然后形成我们自己的反驳理由。多数情况下，我们都会设法去证明自己是对的，而不会去设法理解他人的观点。我们经常会在口头上赢得一局，却会输掉整个战势。大部分销售人员会立即与客户争辩，而且是用言语和非言语两种形式去争辩，很多时候这样会扼杀关系的发展。一个立马见分晓的测验就是再次将销售和爱情作比较。如果你第一次和某人见面，他就好像不认同你的观点，继而与你争辩并反驳你说的话，此时你会作何感想？一般情况下，你绝不会感到高兴。在销售情境中也是一样的。除非有人说了和你的品性不符的话，其他的随它去。要设法去理解他或她可能试图想要表达的观点，而不要自己在心中作思想战。

7. 选择性。这个你可以猜到，就是只听自己想要听的部分。当我的孩子还小时，他们非常擅长有选择性地听话。我会说："晚餐后你可以吃块饼干"。但是，不知怎的，我说的"晚餐后"这部分话他们从来都听不见。他们会发誓我从来没说过晚饭后之类的话，而我确信这只是他们的记忆。他们听到了他们想要听到的话，之后就不再理会地离开了。这在销售中也总会发生。我们知道自己希望听到什么，所以当我们听到想要的信息时，我们就会立即略过其他的信息！

8. 过早下结论。这一障碍几乎总是伴随着另一个障碍而出现。例如，由于我们陷入了无声的争辩，我们那时便会过早得出结论。因为我们很匆忙，所以我们急于下结论；或者只要是听到我们想要听的内容，我们就急于下结论。就像所有障碍一样，当你急于下结论时，你可能错过真正重要的内容，并传达出没在倾听的信号。更别提你的结论可能还是错误的！

9. 敌意。这是指当你的个人情感成为实际障碍的时候。也存在极少数我本身就不喜欢这个客户的情况。或许是因为他们做的某些事、说的某些话，或者可能只是因为我们的个性不合，我就会立刻产生抵触情绪，从而对倾听、甚至对双方关系构成了障碍。不管是何种原因，有敌意都是不明智的。因此，如果你可以克服最初的感觉，建立工作关系也依然是有可能的。我妻子跟我说的第一句话就是"走开!"即使是为了回应我先说的一句搭讪话，她第一反应也是充满敌意的。幸运的是，她并没有拒绝我，当我更真心地与她交谈，再次接近她时，她开始愿意听我说话，一段关系也就随之开始了。很多时候，商业关系刚开始都非常艰难，但这不是结局。只需从长计议，之前就当做是某人那天心情不好。在关系建立中，真的存在诸如第二次、第三次机会这样的事！

10. 虚伪的礼貌。当我们一心想要传达我们正在倾听的信息，却会起到相反的效果时，这种情况就会出现。任何不是出于真心做的事都不是真实的。如果某件事只有5％的虚假性，那它也是100％的虚假。如果你用了99％的时间来听，你没在听的1％的时间就足够让双方关系大打折扣。不是真心展示出的礼貌总是会被暴露的。

如上所说，上面的这个列表并不是有关倾听障碍的决定性列表，但是已足够让你了解基本情况了。倾听不是一种听力练习，而是一种表示关心的情商行为。事实上，你用眼睛所听到的会和你的耳朵所听到的一样多。耳朵可以捕捉到对方所说的话，但是你的眼睛却可以展示你的兴趣。如果要想成为一个好的倾听者，你必须从心里就希望成为一个好的倾听者。这是动态的、有目的性的，但是除了提有价值的问题和做一个好的倾听者之外，再也没有更好地培养好奇心的方法了。

对事物着迷

第四种也是最后一种培养好奇心的方法就是展现纯粹的着迷。你需展示出孩子般的惊奇感和好奇心。我依然可以记得，在我 8 岁的时候，当妈妈从霍华德·约翰逊那里给我带回巧克力棒棒糖时，我是多么的兴奋；我还记得，当我的孩子们第一次见到下雪的时候，是多么的兴奋；我记得我儿子第一次看到环球影城的游乐场时，眼睛瞪得有多大，这好似还是昨天的事。这些是我永远也不会忘记的奇妙时刻。但是到底是怎么了？不知为何，随着我们不断地长大，我们失去了享受这些梦幻时刻的机会；我们失去了孩子般的惊奇和好奇；我们失去了高度好奇的能力。但是幸好我们还可以将它找回来。与其说它被丢失了，不如说它被无数的经历和失望掩藏了。然而，重燃寻找对新事物的好奇心是与其他人建立联系最重要的秘诀之一！

首先要对你刚刚走进的公司着迷。要像一个 8 岁的孩子一样思考。8 岁的孩子很容易问：“这是为什么?”：他们这样问只是天生好奇而已。你要问问你自己，然而最好是多问问你的客户“这是为什么”。你要全面审视一下他们的办公室或者建筑物的入口是什么样子的。为什么他们会在那里选址呢？他们是怎样想出公司标志的呢？为什么人们在那里工作？他们是怎样创业的？你要问一些关于他们出售的产品和/或服务的问题。它们的功能是怎样的呢？它们是如何被创造的呢？为什么它们受到了客户的喜爱？总之，你要对一切事物着迷。

对事物着迷具有双重效果，这非常值得一提。首先，它可以让你获得你仅仅通过开展“需求分析”永远都不会得到的见解和答案。需求分析没有那么大的吸引力，也没有什么魔力。每到事情进展到一半的时候，认真的销售人员都会做一个需求分析。对事物着迷可以将你和大众区分开来。客户将会告诉你他们在传统的问答交流中永远都不会展露的事情。你当然应该提问题。我在这章的前半部分已经涵盖了相关的问题，但是现在我想论述询问的部分。你问什么和你怎样问才是神奇所在。要带着惊讶和好奇提问题。请求进行一下示范，请求参观一下建筑物和运作的地点，请求看一下样品，请求和他们的团队见面。像一个 8 岁的孩子那样提问，问的时候要充满好奇。只管问就好！

对事物着迷也极具感染力。如若真的存在普遍真理这样的事情，那它是这样的：人们最爱的话题是他们自己！当你对你的客户表现出真的好奇和兴趣的时候，他们也会热情地进行回应。这就是你必须要真诚的原因。人们在一英里之内就可以识破虚假，而且他们一旦认为你极度不真诚，你的好奇心就不会再有任何感染力，而是带有控制欲。然而，作为一个销售人员，你应该对你的客户表现出真正的兴趣。这不需要一下子能做到，你可以从抑制想说太多话的冲动开始。黄金规则是，在每一次销售拜访中，你讲话的时间应该占25％或者更少，听的时间应该占75％或75％以上。遵守这个规则，那就会确保注意力的核心时刻处于它需要关注的事情上——对客户保持注意力！他们不仅会有意识地喜欢你所展示出的兴趣，而且他们也会潜意识地感受到你所展示出的能量。每一个人的内心当中都藏着一个急切想要蹦出来的小孩子。大家可能比不上你孩子般的好奇心，但是可以确信的是他们也想拥有像你一样的好奇心。就像是感染力一样，你也可以拥有真正的好奇心。好奇心与你所说或者所做的事情无关。

CONTAGIOUS SELLING
销售情商箴言

1. 好奇心是一种我们必须持续培养的品质，否则我们就会逐渐失去它，直到它几乎不存在。
2. 培养好奇心最简单的方法有以下四种：瞄准你的客户，提问题，做一个好的倾听者，对事物着迷。
3. 倾听不是一种听力练习，而是一种表示关心的情商行为。
4. 重燃寻找对新事物的好奇心是与其他人建立联系最重要的秘诀之一！
5. 在每一次销售拜访中，你讲话的时间应该占 25% 或者更少，听的时间应该占 75% 或 75% 以上。

06

进行一场有感染力的销售展示

CONTAGIOUS SELLING

HOW TO TURN A CONNECTION INTO A RELATIONSHIP THAT LASTS A LIFETIME

尽管不存在通用的销售展示模式，但有一件事情是可以确定的，那就是销售展示是销售过程中的一个关键环节，这是你吸引客户的好时机。相比其他的销售环节，销售展示存在几点独特之处：第一，这是销售过程中唯一的一次独白机会。你应该利用展示的时间充分地向客户解释清楚他们为什么应该与你做生意；第二，这也是你散发魅力的时刻。我发现，如果销售人员在实际拜访中能够认真听客户讲话，客户就会认真倾听销售人员的销售展示，两者是相辅相成的。如果你在专心听客户讲话的时候留出足够的时间让客户去谈论，客户也会认真听你讲话，留给你足够的时间去展示介绍。如果你之前没能做到认真倾听，客户注意力持续的时间可能就会很短，也可能会中途打断你的展示，对此你要做好心理准备。

电梯游说

在这一章中，我们将会探讨两种类型的销售展示：

电梯游说和正式展示。电梯游说，或者就像我所说的游说，其实很简单。这不是一种成熟的展示，而是用10秒的时间对自己的工作做一次宣传。之所以将其命名为“电梯游说”，是基于这样一个事实：人们应该能够利用电梯在不同楼层之间上下的时间向他人充分地解释清楚自己的工作。

游说的目的不仅是要人们完全了解你所做的事情，而且要诱导他们想更多地了解你做的事情。例如，我游说时会这样说：“我通过个性化的演讲项目、营销咨询和出版的大众书籍向个人和公司讲授如何培养感染力。”他们总是会被我说的话所吸引，表现出渴望作进一步了解的动机。大多数人都想知道我说的感染力是什么意思。无论是什么激发了他们的好奇心，这样说都达到了我想要达成的效果。

销售人员每天都有那么多的社交活动和社交机会，但是一直以来让我感到惊讶的是，有太多的销售人员都没对游说做好准备。他们有的不能在要求的10秒钟内充分地解释清楚自己所做的事情，有的仅会说一些诸如“我销售办公用品”这样干巴巴的话。这样说或许简洁、直奔主题，但是绝对是条死胡同。它不会让你与客户激发任何火花，也不需要你作进一步的解释。优秀的销售人员每时每刻都在营销，而他们不仅仅只是在进行销售拜访时、坐在潜在客户面前的时候才进行营销。游说是宣传你的职业和推销自己的机会。人们在购买你销售的任何商品之前买的是你本人在他们心中的形象。这是展示你的激情和感染力的黄金时机。要充分把握！

正式展示

正式、传统的销售展示是你在进行销售拜访的过程中，必须要向你的客户介绍商品和服务的那些时候。但是，就如同各种关系中的一切因素一样，时机和顺序才是关键。永远不要在时机不合适的时候做销售展示。一定要在富有成效的实际拜访之后再进行介绍，在此之前绝不可以。

一次成功的销售过程的顺序如下：准备、着手、实际拜访、展示、推荐、成交。任何改变该顺序的行为都会将事情搞砸，使销售成功的概率降低。你的客户可能由于想要节省时间而要求你直入主题，但是你千万不要中圈套。我曾遇到过这样的客户，我与他们刚握完手，他们就直截了当地告诉我，他们仅有几分钟的时间，让我直接开始讨论价格。他们是出于好意，而且我也相信他们确实是真的想要节约时间，但是如果你真的那样做了，那就是对他们的极度不公平。当这种情况发生时，你需要礼貌地告诉他们，你会尽可能地言简意赅，但是出于对他们利益的考虑，你首先需要对他们做更多的了解。在这种情形下，你需要掌控局面，展示自己的销售技巧。你知道自己希望和他们建立关系，但是他们对此并不知晓。说得浪漫一点就是，你想要和他们约会，他们有可能也想与你约会，但也有可能根本没有这样的想法。当你想方设法争取他们时，不要走捷径。

同样，在成交买卖的时候你也不能走捷径。永远不要在时机还不成熟的时候就做销售展示。此外，从实际拜访向销售展示过渡时，你总是希望有一个过渡陈述。过渡陈述很有必要，因为你需要从双向对话转变成单向独白。我建议你这样说："谢谢您提供的信息。我真的很高兴能够对贵公司有所了解。现在，我想向您介绍一下我们的公司，可以吗？"这只是个例子。

当然，你可以用你自己的语言。但是，过渡陈述应该起到以下作用：第一，它要展示出你的条理性，并且让对方知道你是做过计划的。了解到你并不是在敷衍销售拜访，客户会对此很是感激。销售拜访就如同你的第一次约会。你希望让对方觉得自己已经对此经过了深思熟虑。如果你敷衍这次销售拜访，他们可能会认为，你对于涉及你们双方关系的每一个方面的事情都会敷衍；第二，它会让你能够对局面更加掌控，进而增加你的自信。它会传递出这样的信息：你坚信自己所做的事情，他们也应该信任你将来要做的事。如果处理恰当，并且你扮演好了听众的角色，他们将会重新邀请你坐下来谈谈，并且会聚精会神地听你做展示。

有效演示的九大特性

综上所述，促使人们购买在展示中所介绍的商品的动机因素有两个，而且也只有这两个因素：获得优势或者避免劣势。有人称其为“渴望得到”和“害怕失去”或者“获得或痛失”。总之，人们所做的任何购买决定均可被划入这两类之中。而且在这两个因素中，“害怕失去”的动机总比“渴望得到”的动机要强烈。人们渴望成功，但大部分人却不愿为此付出额外的努力。可是又没有人愿意失败。

人们避免失败的动机会比渴望成功的动机更强烈。这是放之四海而皆准的规律。在广告圈，你可以看到这条规律每时每刻都在发挥作用。“数量有限”、“仅剩 10 件库存”、“现货紧俏”、“时间有限”是迎合人们害怕失去心理的典型例证。在销售领域，这经常被称为“限量销售”。如果你希望客户更加渴望得到某种商品，那么你可以将这件商品进行限量；或者你可以告诉他们，他们不一定能得到这件商品。采取这样的方式一定会万无一失。因此，一定要确保你的销售展示中包含这两个动机因素（渴望得到和害怕失去），这样你才能最大限度地发挥你的感染力。随着我们对有效展示的九大特性的介绍，我们会更详细地探讨如何取得上述效果。

条理性

你要确保自己的展示具有条理性，而且每件事都要有重点。在我的职业生涯中，我有幸见证过数千场销售展示，但是，一直以来让我吃惊的是，大多数的销售展示都显得毫无条理、漫不经心。销售展示似乎走上了两个极端：第一种极端是，公司会命令他们的销售代表记忆并且背诵已经准备好的文稿；第二种极端是，公司会让销售人员自己去精心设计他们想要传达的信息。对我而言，这两种方式我都不喜欢。

我不喜欢背诵式的展示，因为这种方式不会充分考虑到客户的需求差异。一个好的展示应该包含刚刚从实际调查中获得的信息，而复述一个背诵好的稿子就很难做到这一点。相反地，一场好的展示也不应该是即兴发挥的。我建议采取一种折中的方式。尽管我的确也希望销售人员可以做一个有条理性的、预先演练过的、并且经过深思熟虑的展示，但与此同时，我还希望他们依然可以灵活地运用他们在百忙之中刚刚获取的信息。

销售人员需要了解并记忆他们销售展示的大纲，这样做可以保证他们不会偏离自己的思路，但是他们必须在大纲框架范围内保持灵活性。我可以在早上 3 点钟从熟睡中被叫醒去做演讲，但是演讲内容中不会包含任何客户信息，因为我还没来得及做任何实况调查，即便如此，我也依然可以做演讲。此外，因为我并没有将稿子逐字落实，所以我每次做的演讲都和上一次差不多。主要观点永远不变，我会遵循同样的大纲，但是我还可以自由发挥，我可以用得到的任何新信息去使自己的演讲变得更具个性化。

先概述，后具体

一次既切实有效又具有感染力的展示所具备的第二个特性是：先概述，后具体。先概述后具体仅仅是一个一般性的常识。当你和他人初次见面时，你不会一开始就告诉对方你生活中最私密的细节。你会从基本的概况出发，随着谈话的深入，你才会讲述得更为具体。一场优秀的展示也该如此。

一场优秀的展示实际就是讲述一个故事。它有结构、情节和高潮。我甚至经常将展示称之为“故事”，因为这样可以帮助销售人员以正确的方式去思考。你可以先从讲述你的公司开始，例如，它已运营多久，它是如何成立的，因何而成立，坐落在哪里，以及其他诸如此类的符合逻辑的基本信息。在此之后，你可以介绍公司的产品和服务；随着关系的推进，慢慢地你可以讲得越来越具体。

不要讲述任何与客户不相关的事情，这样做只会搅乱大局，因为你会告诉客户很多不必要的信息。你希望通过这种方式逐渐地将话题转移到你想向客户推荐的产品或服务上，然而此时，很多销售人员可能会犯的一个重大错误就是：他们告诉客户的信息过多。不要指望分散突击销售法会让你说的某些话击中目标。与此相反，你要采用一击而中的方法，将目标直指最能使客户获益的准确信息上。

将特征转化为最重要的利益

一次成功的销售展示总会把特征转化为最重要的利益。公司最先进的设施、网上订购容量、或者 24 小时的客户服务等都是特征，而不是利益。我知道，这听起来简单得可笑，但是太多的销售展示都只停留在大讲特征，而根本没能将这些特征转化成其可带来的利益。特征就是一个显著的方面、品质或者特点，而利益则是这种显著方面、品质或者特点能为客户带来的益处。

我从最初的销售课程中学到了一个经验：即每次介绍完一个特征之后，你都要紧接着这样说“这对您来说意味着……”，以此来突显对客户最重要的利益。例如，一个销售人员可以这样说：“我们已经开通了 24 小时客户服务热线，这对您来说意味着，无论何时何地，只要您想或者只要您需要，您就可随时拨打我们的电话。这可以帮您节省时间，因为您如果周末需要我们，就不必等到周一早上了。”这里提到的最重要的利益就是为客户节省时间。大部分的利益都会归结为客户节省时间、金钱、使客户安心或者维护客户形象，但是永远不要假设你的客户会自己完成这种转换。在销售展示中，介绍完一个特征之后要紧接着介绍该特征可以给客户带来的最重要的益处，通过这种方式，你可以让客户知道，你所提及的一切信息都是为了使他们获益。

专注于你的独特性

一定要把注意力放到你可以做什么，而不是你的竞争对手无法做什么上。一定要专注于介绍你的独特性以及你可以为客户带来的帮助。但是，很多销售展示往往会在竞争对手上面花费太多的时间和精力。

每提到一次竞争对手，你就会让客户离你更远一步，这或许和你之前的想法恰好相反！如果你正在和一个人约会，而他或她却一直提及另外一个人，你会有何感受？如果你约会的对象一直谈论他或她的前任，你又会怎么想？且不管他或她说的是好事还是坏事，这都不重要。但是，仅仅是约会对象会提及他或她的前任这个事实，在最乐观的情况下，这是一个不必要的干扰；在最坏的情况下，这会让人彻底扫兴。

客户希望与自己合作的销售人员自信，而且要能够立足于他们自身的优势，而不是他人的劣势。你希望对方因为你的无可替代而爱上你，而不希望他爱你是因为你是他两害相权取其轻所做出的选择。你可能会为大额的佣金而庆祝，但是如果客户与你做生意只是因为你的对手不够格，那么你们的关系也会如履薄冰。因为你最终被淘汰也只不过是时间问题而已。所以，要发掘并利用你无可替代的价值。

销售人员会回答的最重要的问题之一就是："人们为什么要从你这里买东西?"换句话说就是"是什么使你与众不同?"他们回答该问题的不同方式正是区分普通销售人员和卓越销售人员的差别所在。卓越的销售人员对这个问题有自己明确的见解，而普通的销售人员却总是闪烁其词，只能给出一般的、含糊的回答。

成功的展示：尊重自身就是展示的一部分

要一直谨记，你本身就是展示的一部分。信息本身永远没有信息的传递者重要。你所说的话很重要，但是你说话的方式以及你的表现方式甚至更重要。在这里，我需要重复一下我之前说过的话：人们会凭借主观体验购买商品，却会用逻辑去证实自己的决定。

信任和青睐的力量永远胜于数据的力量。你是否曾有过这样的经历：即便你非常肯定自己公司的实力比另一家公司强，但是你还是把生意输给了这家公司。你当然有过这样的经历，其实我们都有过。这意味着其他人与客户的关系比你与客户的联系更密切。这也证明了情感的力量比信息的力量更强大。要想成功地展示自己的信息，你需要确保信息传递的手段也是可靠的。而你就是信息传递的手段。

一定要确保你的声音模式与客户的声音模式相匹配。我们已经在第 4 章中讨论过声音模式的话题。如果在实况调查的双向对话中，你注意到客户使用的是语速慢而音调高（SRHI）的声音模式，那么你在做销售展示时也要采用同样的声音模式。你要用他们与你交流的方式去和他们进行交流。事实上，你应该事先演练并准备好四种不同的展示，这四种不同的销售展示要分别采用四种不同的声音模式。你不能用语速快而音调高（FRHI）的声音模式去给语速慢而音调平缓（SRLI）的声音模式的客户做展示。这样的话，你与客户之间无法产生共鸣和建立和联系，而你还在那里对他们为什么最后决定去和其他人做生意百思而不得其解。

在客户购买你的产品或服务之前，他们首先购买的是你。与他们的声音模式相匹配并不能保证你即刻就能与客户建立联系，但是如果你不与客户在声音模式上相匹配，那你肯定不能成功与他们建立联系。这或许是件小事情，却可以给你带来巨大的改变，而且这些改变经常是无意识的改变。

尽管我可以用一整章的篇幅来讲述这一个话题，但在此我必须先简单提一下一个很多销售人员都会犯的重大错误：他们太过依赖于技术或者道具。尽管两者均可解除你的压力，但它们同样也会使你远离聚光灯。两者都符合逻辑，却牺牲了情感。

使用图表、例证或者图片去辅助销售展示是件好事，但不能过分滥用。你可以把这些信息留作支持性的数据。但是，销售展示是你与客户建立真正联系的一次机会，所以不要放弃你的聚光灯。此外也不要忘记技术也可能会失灵。

我亲眼见证了很多精心设计的 PowerPoint 演示文稿因为有些地方出了差错而以失败告终。手忙脚乱的临时寻找解决问题的办法不仅浪费宝贵的时间，而且会带来无言的尴尬，而这种尴尬很难被消除。

滥用技术也会使客户的目光从你身上移开。在此我说的既是字面意思也是寓意。与客户的联系是通过眼睛建立的！目光交流越坚定，双方的关系也就越融洽。当然，目光交流也会被滥用。你不能老盯着客户看，就好像你在设法消磨客户，这只会让他们好奇你到底在看什么。如果你将注意力放在他们身上，他们同样也会将注意力放在你身上。你希望自己的眼睛中传递出信任和可信度，它们是你心灵的窗户，也是任何有感染力的展示的核心。

欢迎反馈

要确定你在展示之中得到相关反馈。因为你的展示本质上是一场独白，而你最不想发生的事情就是：在展示结束时，你突然发现自己已经在某个不经意的时刻失去了客户。为了避免出现这样的事情，你可以在演讲中插入诸如此类的几个问题，如："您觉得这听起来怎么样?"、"您听过之后觉得自己会使用这款产品吗?"、"您是否了解这会帮您节约大量时间呢?"。

你可以尽情地根据客户的情况去设定这些互动性问题，这也是尝试性成交的表现。如果你可以使客户在你的销售展示之中认同几个小决策，你就会提高自己成功与他们做生意的概率，因为这些小的胜利会累加。这就如同第一次约会时双方度过了快乐的时光。如果在一整晚的约会中，很多小事情都进展很顺利，那么你成功获得第二次约会的概率将大大增加。但是，如果你们双方不能就很多事情达成共识的话，那么你得到第二次约会的可能性就不会太大。这个特质就是销售定律"一定要成交（ABC）"得来的缘由。你最终获得的客户认同是通过在展示中获得的一系列小的认同累加得来的。

不要过度营销

销售展示要避免赘述，但也不能过度营销。过度营销的情况太过泛滥，但大多数销售人员都不愿意承认这个事实。不过，这在很大程度上是因为大多数销售人员没有意识到他们正在这样做。当客户已经决定购买商品而销售人员却未能察觉到而继续谈论时，或者当销售人员不顾商品的特征和利益与客户的相关性而继续讨论商品的每个特征和其可带来的利益时，就会产生过度营销。这两种情况中的任何一种情况都是致命伤，因为它实际上会促使客户做出放弃购买的决定！

避免过度营销最好的方法就是在实况调查环节不能偷工减料。销售人员缩减实况调查时间或者完全略过此环节的时候，过度营销发生的概率就会更大。因为缺乏从实况调查中获取的信息，销售人员就会觉得有必要详细地谈论每一件事情，以此希望击中客户的某些兴趣点。在销售展示中，采取这种散弹枪策略扼杀掉的生意数量比猎户在射鹿季节猎杀的鹿还多。过度营销也会在销售人员没有注意到客户给出的购买信号时发生。购买信号包括灿烂的笑容、为表示赞成或同意的频频点头、在展示之后渴望拥有你的产品、询问商品的颜色、发货或者保险事宜、或者伸手去拿笔并将笔握在手中。

不管你何时发现购买信号，一定要立即回应。不管你的展示进行到哪里了，都要直接停止。为了时间的关系继续展示而错过购买信号就是过度营销，都会破坏生意成功的可能性。给客户提供过多的信息也会造成过度营销。一个成功的展示应该持续 6～12 分钟，不能再多，也不能再少。时间再长的话，通常会造成过度销售，时间再短的话，往往会造成论述不充分。尽管有的行业会要求给出更长、更具体、更具理论价值的展示，但绝大多数情况下都不需要这样做。在预先演练销售展示时一定要确保限时 6～12 分钟。销售展示对你来说是一个非常重要的时刻。这就如同你现在站在击球位置。所以，一定要时刻准备将其击出棒球场。每一次都要这样做！

抱着假设可成交的心态

当客户同意购买商品时，你绝对不能表现出惊讶之色。你不能手忙脚乱地去找合同或者完成交易所需的文件。因为这两种行为都表明，你事先没有做好充分的准备，你在心底没有期望会出现乐观的结局。

抱着假设可成交的心态不仅能让你展现出自信，而且还能帮助你完成看似不一定能够成交的生意。多年前我曾在哪里读到过，一个普通人每年会做两次重大决定。大多数的决定是小决定，比如去哪儿吃午餐、租哪部电影看，或者是吃巧克力还是香草。除非绝对必要，人们天生就有避免做决定的趋向。因此，当你前来请求他们做决定时，只要条件允许，他们中的大多数人都会选择使用缓兵之计。

一定要假设客户会购买，而且时刻都要做好准备。我甚至会提倡尽可能提前填写好书面文件，而且要经常这样做。当然，很多时候它们只不过就是一堆废纸，即便如此也值得一赌。当很多持观望态度的客户看到你对自己所销售的产品是如何深信不疑时，他们也会深受感染。自信具有传染力，而且假设可成交是许多客户需要的一个引爆点。普通销售人员希望可以卖出产品，当生意成交时感到兴奋。而卓越的销售人员坚信可以卖出产品，在生意未成交时感到失望。

展示的关键在于能掌控下一步

不管接下来会发生什么，你都要希望可以掌控局面。通常下一步要做的是给客户强力推荐产品，如果可行的话，要跟客户提一下价格。很多行业的销售人员即使是在这个阶段依然不能自如地讨论价格，因为他们还需要做更多的调研和思考。如果你可以谈论价格，那么一定要确保在展示结束的时候再谈。事实上，如果真要讨论价格的话，展示结束后再谈应该是我们第一次真正开始讨论价格的时间。

不管价格是否被谈论，所有的展示都应该以销售人员的产品推荐作为结束。推荐的内容可能是在竭尽全力地争取生意，也可能是需要安排另一次会面或者需要从长计议。无论如何，这都需要由你来主导。

你绝对不想看到展示结束之后是一片沉寂。你也肯定不想以诸如："那么，您怎么看?"这样的话结束自己的演示。这就如同在约会结束时问对方"你喜欢我吗"。这是极度缺乏自信的表现，而且确实会扼杀关系进一步发展的动力。你一定要通过支配下一步的进展来掌控局势，以此来促使关系继续向前发展。我经常这样说，我希望客户知道我有自己的规划，而且大多数时候，他们都会对此十分赞赏。

每一次销售展示之后，都有一个使关系进一步发展的机会。此外，我还知道，如果我没有掌控下一步的局势，客户就会掌控。总有人会控制局面，而那个人应该是你。你期待关系能够继续向前发展，哪怕只是非常微小的进展。如果关系没有任何进展，那双方的关系发展就会停滞或者陷入僵局。任何一种结局都令人难以接受。

销售好比跳舞。你希望掌控局面，但是你又不希望踩到客户的脚趾头。最后，你想要一个吻，但你又不想被扇耳光。你要将注意力集中在他们身上，确保自己不会错过任何可能会流露出他们想法的线索。

你要注视他们的双眼，但是不能注视时间太长，也不要太过专注，这样会让他们感到不自在。你希望自己能言善辩，但又不想自己表现得太过轻浮而显得不够真诚。而且，最重要的是，你希望能再次见到他们。你期待关系有进一步的发展。毕竟，跳舞只是开始。

CONTAGIOUS SELLING
销售情商箴言

1. 游说是宣传你的职业和推销自己的机会。人们在购买你销售的任何商品之前买的是你本人在他们心中的形象。这是展示你的激情和感染力的黄金时机。要充分把握！
2. 一次成功的销售过程的顺序如下：准备、着手、实际拜访、展示、推荐、成交。任何改变该顺序的行为都会将事情搞砸，使销售成功的概率降低。
3. 每一次展示都要有条理、有准备，并且要有大纲。大纲之外要说的话则应该根据客户的具体情况而变化。
4. 人们会凭借主观体验购买商品，但会用逻辑去证实自己的决定。信任和青睐的力量永远胜于数据的力量。
5. 很多销售人员都会犯的重大错误：他们太过依赖于技术或者道具。尽管两者均可解除你的压力，但它们同样也会使你远离聚光灯。两者都符合逻辑，却牺牲了情感。
6. 避免过度营销最好的方法就是在实况调查环节不能偷工减料。销售人员缩减实况调查时间或者完全略过此环节的时候，过度营销发生的概率更大。

07

善用价格谈判中的情商智慧

CONTAGIOUS SELLING

HOW TO TURN A CONNECTION INTO A RELATIONSHIP THAT LASTS A LIFETIME

销售展示结束了，而且你也已为下一步的行动做了强有力的铺垫。那么接下来该怎么做呢？如果我们所提出的下一步的计划得到了客户的准许，相关的一切事宜也没有任何分歧，而且任何人都无须谈论价格的时候，我们都知道该怎么做。然而，事实通常并非如此。当你不得不与客户谈论价格时，事情会变得很棘手。在这一章里，我们专门来探讨一下如何与潜在的买家谈论价格。

有一次，在我的一次培训会之后，一位销售人员对我说的话几乎让我大跌眼镜。他说，他真心地热爱自己的工作和自己所在的公司，但他唯一不喜欢的就是有时候不得不谈论价格。他接着说，如果永远不需要提及价格这个话题，价格也从不会成为问题的话，销售将会是一种理想职业。我心里期待他说，他刚刚只不过是在开玩笑，但他没有这样说。片刻暂沉默之后，我很自然地作出了回应，我告诉他，他关于销售职业的评价是何等愚蠢。这就如同在说，如果每个人都爱你的话，那么生活将充满浪漫。

如果你永远都无需应对诸如价格、支付和有关预算的各种异议的话，销售当然会变得更加容易，但那就不是销售了，而是获取订单。成功地应对与金钱有关的事情可以将专业销售和获取订单区别开来。这并不是说获取订单的时候不要求具有销售技巧，而是说，有效地谈论价格是卓越的销售人员独有的高水平才能。

我们接下来将要探讨你做完销售展示之后客户会出现的反应，并会具体讲述如何掌控价格这个话题。我的目标是，在这章结束之时，你也会说："何必对价格大惊小怪呢?!"

客户对展示的四种回应方式

在一场销售展示之后，客户一般会出现四种回应方式：同意、拒绝、可能、不是现在。每一种回应都会有变化，但是几乎任何一种回应都可以归于这四种回应中的一种。我不会在同意这种回应方式上花费太多时间，只会在拒绝这种回应上稍微多花点时间。因为它们都相对简单。更难应对的是可能和不是现在这两种回应方式。

每个人都想得到肯定的回应。而且，如果你不确定得到客户的肯定回应之后该如何去做，那么你或许应该考虑换一种职业了。在得到任何形式的积极回应之后，一定停止讲话，然后开始签署协议。如果涉及书面工作，一定要立即开工，千万不要再继续讲话。他们同意购买你的商品之后你所说的任何话，除了感谢他们的话之外，都不会对你有任何帮助，它们只会对你不利。从浪漫的角度来看，这就如同当对方同意吻你之后，你仍然还在讲话。讲话的时间已经结束，现在该开始行动了。

你的客户也可能会拒绝。尽管我总是喜欢去理解他们给出这种答案背后的想法，但在当时情境下可以做的事情并不多。你可以问问他们是如何做出决定的，以及将来是否有改变决定的空间。有时候，客户的门依然是打开的；你或许也会得到有价值的回馈，这些回馈可以帮助你应对以后的潜在客户。但是，我绝不是在建议你去与客户争论他们所做出的决定。如果你邀请某个人出来约会，而他或她却拒绝了，你会争论或者努力说服他或她改变决定吗？你可能不会这么做，除非他或她拒绝的方式暗示了还存在回旋的余地。任何争论都只会使客户更加坚定他们的决定，也一定会让他们对你留下不好的印象。此时最好的做法就是，总结一下可以从客户的决定中汲取的教训，承认自己在说服客户购买产品方面依然做得很不成功，然后继续向前。客户否定的回应或许是在某个你根本无法控制的情形下做出的。

我记得有一次，我自认为自己做了一场精彩绝伦的展示，但客户却斩钉截铁地拒绝了我。他拒绝作详细的解释，所以我在对他致谢之后就离开了。两天之后，他所在的部门中有人给我打电话，告诉我他离开了公司，并邀请我重新会面。他当时拒绝我，是因为他正在办理离职。

这样的事情确实会发生，但是不管原因或者情形如何，都要学会跌倒后爬起来，整理一下自己，然后继续访问下一位潜在的客户。如果你容许一个负面经历的影响时间超过5分钟，那么这只会破坏你的下一个销售机会。有很多书是专门讲述如何处理客户拒绝的，因此我不会在这一点上赘述。完全可以这样说，拒绝是任何以建立关系为核心的职业（或努力）都必然会遇到的。记得威尔逊·丘吉尔有句名言：“如果我们让过去和现在争吵，我们将失去未来。”换句话说，如果你沉溺于过去的失败，那你就不会做好准备并充分利用下一个机会。被拒绝是销售和恋爱的核心内容。接受拒绝，汲取教训，然后继续前行。并不是每个人都会爱你。事情就是这么简单。

与同意和拒绝相比，可能和不是现在的回应方式相对来说要更容易应对。同意和拒绝是非黑即白的问题，但是另外两种回答却非常不明确。可能和不是现在意味着有条件限制。大多数时候，这些回应都是客户使用的谈判策略。当然，理解可能这种回应的最好的方式就是将其与私人浪漫情境联系在一起。

让我们假设，你邀请某人出来约会，而她却回答说“可能会赴约”或“现在不合适”。那么你将对此作何理解呢？

你可能会有以下两种思考：第一，她有特定的条件，满足这些条件之后她就会同意约会；第二，她在坚持等待下一个更好的邀约。尽管这两种情况比直截了当的拒绝要乐观，但是任何一种情况都绝非理想。因为，这意味着你还没有让她完全信服。在销售领域，这意味着你并没有充分说服客户，还有某些方面让客户犹豫却步。此时找出让他们犹豫不决的原因是什么对你来说至关重要。

最简单也是最好的做法就是通过询问。大部分的销售人员都从不发问。他们完全接受客户的犹豫不决。如果客户不需要必须做出决定，他们通常是不会做决定的，而且很多时候他们会采用不置可否的态度来摆脱你，这是一种屡试不爽的方法。他们不希望你深究他们犹豫不决的缘由。他们希望你做的，正如大部分销售人员所做的那样，就是赶快收拾书包，询问何时再继续跟进。

跟进一个犹豫不决的客户，只是使不可避免要发生的事情延迟发生而已。如果你只是想知道哪里出了问题的话，你需要了解更多的信息。我建议你这样说："尽管我理解您的犹豫不决，可我对自己很失望，因为我没能向您充分地证明我的产品和服务将会给您带来多大的益处。如果可以的话，我想问问究竟是何原因让您犹豫，不能下定决心和我做生意呢?"这或许听起来非常直接、直奔主题，但这正是我喜欢这种说法的原因。诚实和直接通常会使客户卸下防备，他们甚至会毫无选择，只能以同样诚实和直接的态度回应。如果确实有原因让他们犹豫不决，在你找出真正的原因之前，双方关系不会向前发展。

实际上，客户在任何销售展示之后会给出的反对回复都可以用同样直接的回应来处理。因为，大多数的反对都不是真正的反对。我们错把它们看作是负面的事情，其实客户会反对恰恰是件好事。反对代表条件，这意味着他们正在慎重地考虑你的提议。但是你必须确定的是，你的确是在应对真正的反对或顾虑，而不是某个编造的谈判策略。你可以通过像问我们之前刚刚讨论的那个问题那样来确定。你不希望与对方陷入一场口头上的网球博弈。他们一抛出反对意见，你就接招应对，这样的周旋通常会浪费大量的时间。当客户提出反对意见时，你要问："这是让您犹豫不决，不能做决定的唯一顾虑吗?"如果他们回答"是"，一定要对此作出解答。如果他们回答"不是"，最好的做法通常是先找出他们所有的顾虑，然后再开始谈论其他。

这刚好涉及到我们都心知肚明却会避而不谈的问题，即价格问题。很多时候，客户给出有附带条件的回应是一种迫使你谈论价格的方法。大多数的反对都是为得到更好交易而做的准备。精明的买家知道如何添柴加火，从而促使销售人员提供最优惠的价格。我觉得这似乎像是一种游戏技巧，但这在构建关系过程中是一个必不可少的部分。这是一种潜意识的测试，由此可以看出你的价格是否让你自己信服。他们想要以此测试你的勇气，通过这种方式可以看出他们是否可以信任你。你讨论价格的方式和他们信任你的程度之间存在着巨大的联系。这就像是在私人关系中讨论政治和宗教一样，但是如果遇到这种情况，你必须要克服。众所周知，这是关系向另一个阶段发展的桥梁。这或许是种游戏技巧，但你最好擅长这种游戏。

在过去的15年里，在企业培训界发生了一些有趣的转变。之前，销售、营销以及客户服务毋庸置疑是最受欢迎、也是最常被提及的主题。尽管现在这些主题依然很流行，但已经有挑战它们统治地位的其他培训主题涌现了。显然科技便是其中之一，科技已经晋升为公司培训的重心。但是另一个不显山露水的培训主题就是集团购买。换句话说，就是教会买家或者任何有购买责任的人如何应对销售人员。

攻破客户的价格谈判策略

我第一次见到这个标题是20世纪90年代末在一次与规划师的会议上。最受欢迎的分场会议的话题都是讨论有关如何获取更优惠的价格和费用以及如何攻克销售技巧的。我几乎从未参加过我主讲的会议下设的分场会议，但是有一次分场会议却深深吸引了我的注意力，我甚至坐下来记起了笔记。会议被命名为“拿到更优惠价格的十个建议”。因为我是传授销售人员如何坚守立场并获取更高利润的，所以我觉得听听事情的对立面应该很有趣。

是的，事情不仅非常有趣，而且还改变了我自己的培训会。我开始在我的项目中增添了那天我学到的 10 个建议以及如何从销售方的角度攻破这 10 个建议。在我们探讨这 10 个建议之前，有必要和大家分享一下演讲者在开场时表达的见解。在讲解之前，他说买卖存在两种关系：一种是建立在价格之上的关系，另一种则是建立在价值之上的关系。他说，建立在价值之上的关系可使双方互利，而且双方也会自愿使其维持下去，建立这种关系只需一点培训和指导即可。他将会着重讲述建立在价格之上的关系。

这让我目瞪口呆，大吃一惊。我知道从销售人员的角度来讲这是对的，但我不知道对方也是以同样的方式看待问题的。这使我更加坚信自己对于关系构建的观点是正确的，这也正是促使我写这本书的原因。真正的、长期的关系是建立在互利和信任之上，而不仅是因为你可以提供当地最好的交易。

从销售的角度讲，这使攻破我要分享的 10 个采购建议变得更加重要。如果在关系建立时不能越过价格这道坎，从而成功过渡到价值，那你与客户的关系将会非常脆弱。这就像是有人同意与你约会仅仅是因为他没有更好的事情可做，毕竟，他需要吃饭。这可以满足一时的需求，但不会建立一种关系。并不是说这一定是一件坏事。有时，约会是约会，销售是销售，即使它们不会带来任何可持续长久的关系。但是，辨别出它们本身是什么非常重要，不要欺骗自己，以为自己拥有并不拥有的东西。因为价格而成功的销售是交易性质的，而非关系性质的。当下一次另有人提供比你更优惠的价格时，这些交易就会在一眨眼的工夫丢失。你会一直提心吊胆，担心谁会潜伏在你背后伺机而动。在销售中，这种关系处境对任何人来说都不稳固。

注视销售人员的眼睛

这 10 个建议中的第 1 个建议与我在前面的一个章节中写到的内容有关。当我第一次听到这个建议时，我认为它有点不同寻常，因为它恰巧与我参加的一次销售培训会中的内容相同。给买家提供的第一个建议就是要注视销售人员的眼睛。对的，要注视销售人员的眼睛！尽管这听起来或许有些奇怪，但很有道理。眼睛可以展示无数特质。它们可以流露激情、专注和真诚，也可以让我们知道对方讲的是否是真话。

但是买家被告知尤其要从销售人员的眼睛中去发现、去感觉的是，他们是否可以与该销售人员顺利谈判，其难度如何。他们被告知要注意销售人员眼神中任何可能会流露出的软弱不安或犹豫。在第 4 章中，我曾写过我们眼睛的重要性，我在此不再赘述。但是，不管接受过正式培训的买家被告知要寻找什么，需要重复强调的非常重要的一点就是：这会发生在每一次销售、每一种关系中，而且总是在发生。它或许不是我们有意甚至是有意识的算计，但在每一次的眼神交汇中，我们的眼睛要么是我们最大的优势，要么就是我们最大的劣势。我们的眼睛是我们宇宙的核心。

创造多人决策影响力

买家被传授的第 2 个建议是要创造多人决策影响力（multiple buying influences，MBIs）。换句话说，买家被告知要让销售人员知道他们在做出决定之前必须要和其他人员或委员会进行核实，以此来创造“逃避退路”。有时候他们这样说确实是真的，但大部分情况下这只是一种拒绝的便捷方式，或者至少可以暂缓做出决定。

对此，销售人员会犯的错误就是他们会中圈套，进而询问买家如何才能见到他们所说的其他决策者或者委员会。如果真的存在协助做决定的其他人或委员会的话，你提出要和他们会面会是很冒险的行为，当前和你打交道的买家也会因此感到自己的权威受到了挑战，或者至少会使他们的自尊心受到伤害，因为你这样做是在暗示你需要跨过他而和决策团的其他人员见面。如果没有牵涉到其他人或委员会，要求买家摊牌也不会收到任何有建设性的效果。

所以，应对多人决策影响力的唯一积极的方式就是不管它们是真实存在的还是编造的，都忽略它们。我并不是说你要假装没有听到，而是要把多人决策影响力（MBIs）当作是对于关系的发展毫无益处的因素，而且它们真是这样！你的工作就是要和正在与你会面的人建立关系，不要担心任何其他人。

如果真有其他决策者，只会有两种可能的结果：第一种是，你还没有完全说服在你面前的这个人，他们将会向其他人征求意见，而且你还没有与他们建立同盟关系，因此他们不想冒风险去力挺你；另外一种可能的结果就是你已完全说服了你面前的人决定采购，但是他们想要和你做生意的话，还需要得到其他人的批准。很明显，你会青睐第二种结果。唯一可行的方法就是忽视 MBIs，将注意力放在构建手头关系上。

如果可能，尽量避免与销售人员见面

他们甚至为第三个建议取了一个名字，称其为回避的艺术。他们教买家要通过电子邮件和传真进行业务往来、寻求竞标，因为通过这样的方式做出的决定完全不掺杂任何情感因素，而且严格遵循最低价格。越来越多的产业都在采用竞标过程来挑选可以与之做生意的人。

很明显，这和你想要做的恰好相反。你在寻求建立关系，而他们却不是。你是否曾有过这样的经历：你想要和某个人约会，而对方却不想和你约会呢？你知道，他只要给你这次机会便会喜欢上你。如果我们无法与对方面对面交流，我们就不能将对方争取过来的。对于买家也是如此。你必须要给出他们应该和你见面的极有说服力的理由。

当然，有些情境下，你可以通过电子邮件去争取潜在客户，直到他们妥协为止。但大多数情况下，电子邮件只会给予潜在客户在没有和你见面的情况下所需要的信息，而且电子邮件为你带来的不利影响大于它给你工作上带来的帮助。因此，不管进行业务往来时客户要求你使用电子邮件、传真、还是密封投标的方式，你的任务就是吸引他们的注意力，使他们有足够的好奇心想要和你见面。有很多方式可以达到这样的效果，我不想举出实例，因为这样会限制你自己的创造力。办法需要你用心去想，而且应该成为只有你才能想到的方法。

买家还被告知，如果他们必须要与销售人员见面，他们应该选在中立的场所和他们见面。这些场所可以是大厅、其他人的办公室或者转角的餐馆。这样做的理由和他们一开始不想与你见面的原因是一样的，都是要避免私人因素。如果你曾经与潜在客户在这些地点见过面，而且想知道客户选在这些地方的原因，那么现在你就明白了。

买家不想让你窥探他们的私人生活，因而不会邀请你进入他们的私人领域。但是在过去20年中，每一堂销售培训课都会告诉销售人员他们需要进入买家的私人领域，这一事实已使上述情况愈演愈烈。销售人员被教导要走进客户的办公室，然后予以盘点清查。如果客户在办公室放有他们的家庭照片，对此要进行询问；如果有客户参与或关注的运动团队，对此要进行询问；如果有可以知道他们最爱的业余爱好的线索，对此要进行询问。这项技巧的滥用和过度使用已使当今的买家明白他们到底是想要做什么，而且他们也被传授过如何规避这种技巧。这被公认为是一项销售技巧，也是试图建立和谐关系的一种肤浅的做法。

任何一种销售技巧，一旦被识破，便会失去其有效性。它只会被看做是一种虚假的、带有操纵性的伎俩。所以，若要破解该项策略，你就要时刻保持专业。你需要注意观察客户的私人物品，但是不要立即发问。不要刻意迫使私人交流发生，而要使其顺其自然地发生。如果是客户引导你向私人话题靠拢，那你就配合。不然，你一定要将注意力放在你之所以来访的最重要的原因上，这就是要介绍你自己以及你可提供的业务机会。一旦你们双方真正建立了关系，对话毫无疑问会不知不觉地向私人领域过渡，但是一定要让这种情况自然发生。

通过提问题掌控局面

买家被传授的第 4 个建议是要通过提问题来掌握局面。该建议的策略是让买家处于主动出击的立场，而迫使销售人员处于被动防御的立场上。买家这样做并不是有敌意，而是要掌握控制权。这总会使我想起以前电视节目秀《宋飞正传》（*Seinfeld*）中的一个片段，在节目中，乔治和一个女人约会，而且拼命想要去碰对方的“手”。他和他的女朋友在这场关系中都在竞相想要占上风。

理想状况下，在一场互惠的关系中，没有人想要占上风。但是在销售的最初阶段，提问题的人通常是可以支配行动的人。然而，这并不是因为掌握话语权就有力量，恰好相反，倾听比讲话更有力，也更有说服力。这就是提问题相当关键的原因。

我相信，客户说话的多少与成交的可能性之间存在直接关联。这就是真正的“关系 101 原则”。他们讲得越多，销售人员听得越多，建立信任和牢固关系的概率就越大。

多年前我与最好的朋友的一场对话更加证实了这一点。我这个朋友是位医生，他正在为一个现实状况懊恼不已，那就是当病人走进他办公室的时候，他数秒之内就能判断出病人哪里不舒服。他说：“我毕竟接受过多年的专业训练，也有多年听病人描述他们病痛的经验。可要是我立即告诉他们问题出在哪儿，他们就对我的诊断会感到不安，继而想再征寻一下别人的意见。但如果我 15 分钟一言不发，即便我已经知道出题出了在哪里，我也依然听他们讲完，他们就会对我的诊断非常满意，也不想再征求其他任何人的意见了。我不明白：他们为见我等了那么久，难道他们不想尽快离开吗？”

我只是笑了笑，因为我知道他已经无意间讲到了一个建立融洽关系的大秘诀。任何人最爱的话题都是讲述自己。所以，提出问题之后，你要让客户尽情谈论他们自己，这正中你的下怀，当然这是比喻的说法。

弱化你的需求

第 5 个采购建议就是要弱化你的需求。买家被告知要将其自身的需求最小化，以试图使销售人员在心理上降低而不是增大对自己需求的期待空间。在销售拜访中占有主动权很关键，这便是最好的例证。一旦销售人员放弃销售拜访中的主动权，他们也就放弃了专家的角色。

任何时候，不管客户告诉你他们的需求是什么，你都不能把他们的话当真。我不是说，你要对他们所说的话置之不理。但是毕竟，在你所销售的产品方面，你才是专家，而不是他们。如果你走进医生的办公室，开始告诉她你身体哪里不舒服，她会怎么说呢？她会把你的话当真吗？当然不会！

她或许会问你的意见和症状，但是最后的诊断完全由她来做主。因为她才是专家。

不管任何时候，只要你把客户口中的需求当真，你不仅会放弃做专家的权利，你还会在客户的信任度标尺上滑落好几个级别。当销售人员以他们所销售的商品为荣并知晓商品的详情时，客户会非常欣喜。这是个机会，不要由于自己被动地接受订单而将机会搞砸。

一开始便询问价格

第 6 个采购建议是买家所知晓的最普通的技巧之一，这就是一开始便询问价格。有时，甚至在打招呼之前，买家就会向你询问价格，就好像是自动反应一样。在这个关键节点你如何作答将会为接下来的交涉奠定基础。

有两种显而易见的错误回答方式。第一种当然就是报价。报价对你来说或许是小菜一碟，你可能也为自己有竞争力的低价而感到骄傲，但是不论如何，一定要忍住报价的冲动。因为，此时你尚未给出任何信息，报价只会否定商品的其他任何特征或者商品可带来的其他任何利益，而使双方谈话的重点转向金钱。你也许认为自己在节约时间，并且一开始就能直接切入主题，但是太早讨论价格不仅对业务不利，也对双方关系不利。因为，一开始就谈论价格不合时宜。

如果你第一次和人约会，而约会 10 分钟她就问你挣多少钱，你会有何感受？你可能会感到自己有一点抵触情绪，这并不是说对方问的这个问题不好。如果你已经与对方约会一段时间了，那么对方提出这个问题并就此深入交谈非常合适。问题在于第一次约会就讨论如此私人的信息并不合适。这不合时宜。在进行任何实况调查和销售展示之前谈论价格也是如此。

事实上，如果可能，我甚至倾向于第一次拜访不要谈论价格。你可以和客户安排一个后续的会面，这样你就会有时间（或者至少给出这样的假象）为客户提供个性化的建议和报价。在给客户推荐产品之前充分考虑客户的需求，这会使客户感觉到自己的特殊性。每一次未诊断便开处方的做法都是错误的。

对于一开始就提出价格问题，第二种错误的回答方式就是给出一个价格区间。很多销售人员认为回答买方的询价时给出价格区间的做法很聪明。他们觉得这样回答不必太过具体。对于这种信条只有一个可能：每当销售人员给出一个报价区间时，客户都是自动将注意力放在区间的末端，无一例外！你可能会说："根据你挑选的包装不同，我们的价格从 99 美元到 500 美元不等。"但是，客户只会听到 99 美元这个低价。如果是这样，你就需要向价格区间的上游争取。所以，你最好在一开始就只给出客户报价区间的最高价格，如果后来你可以降低价格使他们省钱的话，客户会感到意外开心。然而，这样做的冒险之处在于，如果客户觉得他们无法支付你所给出的报价，他们就会在言语和情感上都予以拒绝。

尽管这可能会让双方有些尴尬，但是不要一开始就回答价格问题，这对你极为不利。不要忽视这一点。但是你可以像这样笼统地回答“我非常渴望与您讨论我方的价格，因为我相信我们在该产业最具价值。但在此之前，我需要对您和您的需求稍作了解。”这样回答既可以保持对局面的控制，又可以维持事情进展的顺序。如果买家一意孤行，继续坚持要求你给出价格，那他们可能不是认真的买家或客户，你也不会希望与这样的买家或客户做生意。他们可能只是想从你这儿得知价格，再货比三家，寻找下一个资源。

不论如何，你都不想玩这种游戏。这就像是某人同意和你约会只是想让另一个人嫉妒一样。如果这就是你约会对象的目的，那么你最好提前发现，以免在这个人身上投入太多时间和努力。如果你的客户坚持要知道价格，你可以给出他们不止一个答案，看看是否可以满足他们的要求。我建议可以这样说：“好，我会这样告诉你。我们的价格不是最低的，但也不是最高的。如果我们不是最适合您的公司，也不能提供您需要的产品或服务，那我们不会收取任何收费。”这并不是说你的产品或服务是免费的，但是这会以肯定的方式让他们知道，如果你们双方发现彼此之间的关系并不互利的话，你们就不会彼此合作！这样说应该可行，如果客户继续坚持一开始就想知道价格，那我的建议是走开。有问题的潜在客户将会变成问题客户。

表现出忧虑

第 7 个采购建议就是表示出忧虑。这是个极其老旧的建议。忧虑就是，当你报价时，买家会在言语或者动作上有所反应，可能会是扬扬眉毛、挠挠头或者皱皱眉。他们可能会说："天哪！"不论他们怎么忧虑，你都不要回应，没有必要向他们这些夸张的表演作出回应。他们并没有提出问题，因此你也没有必要回答什么。

这可能会令人难受，但你要保持安静。而且不论你做什么，都不能提问题。不要说"这个价格对您来说太高了吗"或者"你期待的价格是多少呢"等，这些回答可能正好中了他们的圈套，暗示了你还有妥协的空间。因此，不要作出回应！

然而，如果你清楚自己没有那么强的耐力，也绝对无法保持安静，那么只有一种利大于弊的回应，那就是你也作出忧虑的反应。你可以说："我也不相信我们的价格可以那样低！"如果他们窃笑，那么你已经说服了他们。如果他们没有从你的回答中感受到幽默，这也无妨，这毕竟比你说其他任何话要好得多。

使用预算这个词

第 8 个采购建议是买家的绝招。*coup de grace* 是一个法语短语，意思是“致命一击”。这个建议通常会对销售人员带来最大的打击。采购研讨会的领导者说，这个建议对于销售人员而言就相当于氪星石对于超人。该建议就是：使用预算这个词。他们认为，大多数销售人员都不知道如何对“预算”这个词作出回应，我认为他们的这种想法有可能是对的。

在我的培训会上，我问过数以千计的销售人员，当买家表示他们所给出的报价“对于自己的预算来说太高”时，他们会作何回答。大多数销售人员会给出的强烈的回应是：“您的预算是多少？”这不仅是一个示弱的回答，也正是买家希望你作出的回答！你一旦询问他们的预算，你就已经在暗示你的报价存在弹性。谈判也会就此开始。我甚至可以说，我认为询问客户的预算绝对是销售人员问的最糟糕的问题！客户的预算应该与事情完全不相关。我将通过与另一位医生的谈话来证明究竟为什么我会这样说。

让我们来假设一下，你因为肚子疼得厉害去看病。检查之后，医生告诉你，你需要切除阑尾。她继续解释道，这无须害怕。她说：“这是一个每周都会操作十几次的普通治疗手段。唯一的风险就是对该病视而不见，不做任何处理。如果阑尾在体内破裂，将会造成大规模出血，之后就会变成一个大型的急诊手术。因此，应该立即安排切除阑尾的手术。但是我们在这样做之前，我们最后问您一下您的预算是多少？”

停留一秒钟，然后思考一下你会对医生的问题作何感想。预算可能对你非常重要，但是对医生来说也应该很重要吗？医生唯一应该关心的难道不是怎样让你好起来吗？预算也可能对医生来说很重要，但仅此一点是不是都会让你感到有点不自在呢？我确信你希望你的医生集中精力把工作做好，而如何支付的问题就留给你来想。医生可能会和保险公司进行这样的谈话，但是他们不应该和病人这样说。这近乎是一种利益冲突。符合预算标准不应该是他们需要考虑的。

在销售领域也是如此。预算或许对客户来说很重要，倘若客户愿意从该销售人员这里购买产品，那么预算对该销售人员就没那么重要了。你作为销售人员的职责就是要把工作做好。如果客户信任你，而且你也充分说服了客户，他们将会思考如何支付费用。

对于那些以数字为导向的人来说，这里有一个简单的等式，可以进一步解释我的观点。如果价值大于价格（$V>P$），那么预算就是无关因素。只有当价格等于或者小于价值（$P\leqslant V$）时，预算才重要。客户将会继续与你谈判直到价值超过价格为止。当然，这种情况发生时会减损你的利润。

因此，做好你自己的工作，他们会找到钱；否则，钱将会从你的口袋出。

尽可能延迟做决定

第 9 个采购建议是尽可能延迟做决定。这是个令人害怕的僵持。除非迫不得已，否则他们是不会做出决定的。而且，大多数销售人员从来都无法给出可以让客户做出决定的有说服力的理由。换句话说，客户没有被说服。僵局会以很多种形式出现，包括："让我考虑一下吧"、"让我请示一下我的老板"或者"我想改天再说"。

哪怕客户对你的产品或服务仅有一点兴趣，如果出现僵持，那也是销售工作做得不充分造成的。除了努力找出阻碍他们做决定的原因之外，没有任何可以打破僵局的对策。安排后续会面或许是个好主意，因为你会有机会重新整理、然后带着可以真正使他们兴奋的信息回来，与他们再次见面。要把僵持看作是对于更多信息的请求，而不是带有负面意义的局面。僵持意味着你还没有击中正确的情感按钮，而你的任务就是找出这个按钮。如果你处理恰当的话，僵持不过是双方关系中一个暂时的小问题，所以不要反应过度。

对竞争对手轻描淡写

最后一个采购建议可能是最常见一个，那就是要对你的竞争对手轻描淡写。如果你已经推销超过 3 小时，毫无疑问你会遇到这个问题。买家会通过让你知道你的竞争对手可以提供更优惠的价格，来试图从你这里得到更好的交易。他们可以用很微妙的或者很明显的方式达到这个目的。他们通常会这样说：“我想与你合作，但是某某提供的价格更优惠。如果你可以提供和他一样的价格，那么生意就是你的。”

尽管这需要你鼓起最大的勇气，但这时候你绝对不能上钩。首先，客户说的话可能是真的，但也可能并非如此。很多时候，这只不过是一个谈判策略，竞争对手并没有提供更好的交易；第二，即便存在这样的竞争对手，你若同意提供和其他竞争者一样的价格，你就是在表示，你和你的竞争对手之间没有区别。那么，究竟该如何去做呢？

很高兴你能这样问。不论在任何时候，当这种或者其他任何价格反对意见出现时，我都为你准备好了可以采用的回答方式。当买家告诉你竞争对手提供的价格更优惠时，不要和他们争论。你只需要回答说，“您说的对！他们可以提供给您更优惠的价格，对此我毫无疑问。但是我却可以使您更节约成本。”之后你可以回到座位上观察他们的反应。他们很可能会看起来非常困惑，继而询问你的回答是什么意思。

这是你可以完全说服他们的第二次机会，而且你最好准备好要如何回答。你首先需要理解价格和成本之间的区别。

我要表达的意思并非你可能会认为的那样。我并不是说价格是一个零售数据，而成本是一个批发数据。我的意思是，价格只是个数字。不管它是什么，它都是个数字化的数据。成本包含的不仅是数字，它把所有和产品或服务相关的因素都考虑在内了，成本是一个情感数据。

我父亲购物的方式就是一个完美的类比。他是这样一个人，为省 2 美元，他宁愿开车穿越整个城镇去买一罐可口可乐，也不会光顾就在附近街角的商店。我的父亲得到了更实惠的价格，但却花费了更高的成本。你一旦把燃气、车的磨损、时间和努力这些因素都算在内的话，你就会发现他支付了更高的成本。几乎无一例外，价格较低的那些商品成本较高，而价格较高的产品，从长远来看，成本更低。针对为什么你的成本更低，你要时刻准备好予以反击的回复。成本才是你应该力争的关键，而不是价格。成本的另一种说法是价值。拥有较低的价格可能会帮助你完成一项交易，但是拥有更高的价值却会让客户终身相随。

不管什么时候出现价格问题，你都可以使用价格和成本的比较方式。如果我正准备讨论价格，而客户却先发制人来问我了，我喜欢这样和他们说："在我给出价格之前，我需要再了解一件事。您是在寻求更低的价格还是更低的成本呢？"他们会因困惑而摇头，之后我会进一步解释我与竞争对手的区别以及我会如何提供更高的价值。有时候，我甚至会使用我父亲的例子去解释。价格和成本的对比并不是一招诡计。如果你不能说出真正的价值区别，那么就别使用这种对比。但是如果你可以，这个技巧就可以改变你讨论金钱的方式。你不再会担心和价格有关的谈话，而是会对此充满期待。你将会位于那些超级销售人员之列，他们会真诚地说："何必对价格大惊小怪呢?!"

CONTAGIOUS SELLING
销售情商箴言

1. 被拒绝是销售和恋爱的核心内容。接受拒绝，汲取教训，然后继续前行。并不是每个人都会爱你。事情就是这么简单。
2. 如果在关系建立时不能越过价格这道坎，从而成功过渡到价值，那你与客户的关系将会非常脆弱。
3. 做好你自己的工作，他们会找到钱；否则，钱将会从你的口袋出。
4. 要把僵持看作是对于更多信息的请求，而不是带有负面意义的局面。僵持意味着你还没有击中正确的情感按钮，而你的任务就是找出这个按钮。
5. 几乎无一例外，价格较低的那些商品成本较高，而价格较高的产品，从长远来看，成本更低。成本才是你应该力争的关键，而不是价格。拥有较低的价格可能会帮助你完成一项交易，但是拥有更高的价值却会让客户终身相随。

08

销售永无终点：从吸引客户到培养关系

成交一笔生意就像是求婚。如果你觉得对方不会答应，你是不可能要求她和你结婚的。你不仅期待一个肯定的回答，而且你早已对此做好了规划。你期待肯定的回答是因为时机正确，而且双方都准备进一步发展关系。销售也是一样。卓越的销售人员预期人们和自己做生意，他们预期产品会售出，而普通销售人员只是希望能将产品售出。

这看似仅有细微区别，但实际区别很大。正是这种静默却明显的自信非常具有感染力，这也是一个促使生意成交、构建关系的潜意识的因素。尽管你认为对方会给出肯定回答，但是问题依然还是要问。你无论什么时候都必须开口求生意。

就像我之前陈述的那样，成交应该是关系发展中必然的、逻辑上理应发生的。如果不是这样，事情肯定在中途偏离了正轨。这就像是你要某人嫁给你，而她就是不说同意，那么一定是在关系发展中两个人不知在哪方面没有达成默契。

从成交生意向培养关系发展

然而，当某人确实同意嫁给你，或者某人确实同意和你做生意时，这仅是关系的开始，而不是结束。销售人员往往把成交生意看作是生意之路上标志性的结束，而不是新道路的开始。他们不应该这样想。生意的成交反而应该是销售人员从吸引客户向培养关系过渡的时候。成交之前所发生的一切都属追求期。继续赢得客户生意、建立信任和忠诚度的工作此刻才真正开始。

一个强化客户决策的无休止的循环就这样开始了。尽管吸引客户只是一件事情，而培养关系却是一个过程。吸引客户是追求的过程，而培养关系则是浪漫的过程。坚实稳固的关系永远不会失去浪漫。在私人和商务关系、尤其是在商务关系中，浪漫经常是一个缺失因素，但本不该如此。销售人员花费了无数的时间和精力设法完成销售、达成交易，一旦交易完成，却发现自己忽视、破坏了双方的关系。一个真正卓越的销售人员必须既要擅长吸引客户，又要擅长培养客户关系。

在我职业生涯刚开始的时候，我就深深明白了这一点。那是 1984 年，我正在华盛顿哥伦比亚特区销售黄页书。在哥伦比亚特区的市区有一个客户，为了得到和他预约见面的机会，我和他斡旋了好几个月。他最终妥协了，同意和我见面。他说："明天6点见。"我回复说："好，期待与您的会面。明天晚上见！"

他接着又说道："晚上？不，我是说早上6点。"我假装自己没有倒吸一口气，连忙说道："那更好！"

此刻，我不得不承认早上6点比我正常的起床时间还要早。更不必提我住在郊区，因此这意味着我必须4点起床，5点之前出发。最糟糕的是，那是2月份，天气特别冷，光擦挡风玻璃我都必须预留出15分钟。然而我做到了，我的销售拜访非常成功，最终也完成了一笔销售。

我记得离开他办公室的时候是上午6：45，当时感觉有点云里雾里的，心里想着现在该做什么呢？我接下来要去哪里？去敲门拜访其他客户还太早，我自己的办公室都还没开门呢。但是这么多年来，那天早上客户和我说的一些话却一直让我记忆犹新。他告诉我，他故意把与所有销售人员的会面设定在早上6点钟有两个原因：第一个原因，他解释说他是个非常忙的人，清晨是他唯一不被常规的商务活动所打搅的时间；第二个原因，他说，这也可以很好地测试销售人员对工作的投入度。他接着说，任何闪烁其词或者建议其他会面时间的销售人员都将永远失去向他销售的机会。他说："我不想听起来让人觉得我很苛刻，但是任何不愿做出额外努力去完成销售的人，一旦销售完成之后，也绝不会再愿意付出更多额外的努力。”

这是我永远都不会忘记的一课。一旦销售完成、佣金支付，已经确定的以前的客户对于销售人员来说就不如尚需开发的潜在客户重要了。但是，他们忘记了以前和现在的客户都是新生意和转介服务的宝贵资源，更不用说维持现有的客户比获得新客户的成本要小得多。

这不是说开发潜在客户不应该成为重中之重，也不是说我们不应该总是希望寻求新生意。我只是在说，如果销售人员认为一旦完成销售任务，他们的工作就结束了，那么这就是搬起石头砸自己的脚。尽管销售人员在完成交易之前很积极，也很专注，但是一旦交易完成，他们就立马不像之前那样积极专注了，这会让买家懊悔并产生敌意。

这些被剥夺权利的客户经常会转变成问题客户和支付不良客户。回款问题通常是由忽视客户所导致的。那么，这就会造成负面口碑的不良影响。有详细记载，一个不满意的客户会与平均 10 个以上的人分享他们所持有的成见。而且五分之一的人会再告诉另外 20 个人。如果能意识到每笔销售交易仅是新关系的开始，而不是结束，那么这种情况就可以避免。客户服务不是其他人的责任，而是销售人员的职责，而且在客户签署合约之后就开始了。

五种 BE-策略

有一句与此相关的古老的谚语："如果你不愿意照管你的客户，那么会有其他人替你这么做。"毋庸置疑，其他销售人员时刻都在准备着，盼望你栽跟头。尽管你不能完全使你的客户免受其他竞争者的影响，但是为了不失去这些客户，你可以为此付出努力。你并不是孤立无援的，在接下来的部分，我们将会看看我们必须要做哪些事情才能培育商业关系，使客户免受其他竞争者的影响。我称其为"Be-策略"，因为它们全都是以 Be 开头的主动出击的关系培养策略。

Be-策略 1：和客户交朋友（Be friends）

我们之前对此讨论过，与你的客户成为朋友是这整本书最重要的主题，也是开发忠诚客户最重要的事情。友情没有中间余地。你们双方要么是朋友，要么不是。当然友情的深浅程度不同，但是如果不做朋友，那你就只是个卖主。

卖主或供应商就是和客户做生意的人。双方之间的关系完全是柏拉图式的，而且这些关系的核心通常是围绕你是否可以给客户提供最优惠的交易。既然销售人员只不过是卖主，那么客户对销售人员就不存在情感投资或关联。客户与你做生意只是因为他们需要你的产品或服务，而你完全是不相关的因素，对他们来说无足轻重。这是任何销售人员都不希望出现的状况。作为一名专业的销售人员，你肯定希望自己很重要！

但凡你想要尝试培育客户忠诚度，你就必须与客户有某些情感上的关联。或许不是成熟意义上的朋友，但在某种意义上你对于他们来说是很重要的。这可能是因为他们需要并且尊重你的意见，继而会主动寻求你的建议；或者也可能是因为他们发现有你在身边会非常振奋、鼓舞人心。不管是什么原因，必须要有超越购买交易之上的情感联系。

我经常在我的培训会上采用下面的测验来判定客户把销售人员看作是商贩还是朋友：你会收到多少客户因公司举办重大活动而发出的邀请，例如假日派对、夏季户外烧烤、智囊讨论会、团队建设事宜，生日或离职聚会？如果答案是没有或者非常少，那你的客户可能没有你想象的那么忠诚。这些邀请代表着他们在出售和购买过程之外依然将你看得很重要。这表示客户愿意与你拓展关系，并建立更加密切的关系。这些邀请是衡量客户情感投资以及他们是否把你当作朋友的一种很好的指标。这种关系或许并不是他们遭遇个人危机时可以在深夜倾诉的那种朋友关系，但不管怎样，你们都是朋友。这可以使双方关系提升到一个新的层次。

关系越深，你可以带来的价值就越大，客户忠诚度也就越高。跨行业的忠诚度现在处于历史最低值，出现这种情况在很大程度上是因为我们已经变得如此以交易为导向，而且我们要么就是不再关心关系构建，要么就是不再了解如何构建关系了。这种情况非常不幸，因为如果没有真正的关系，你虽然可以达成交易，但却永远不会开发一个固定客户。

普通销售人员可以完成销售业绩。卓越的销售人员却可以建立屡屡带给他们生意的固定客户。如果你所想做的仅是完成销售交易，那么你需要付出双倍的努力才能完成新的销售交易，因为没有形成重复业务、转介服务或者账户渗透。一旦你已达成交易、完成销售，你可以庆祝一下。但在此之后，你要立即转入友情构建模式。这不仅有助于防止客户反悔，而且在客户的脑海中也可进一步强化这种想法，那就是当他们需要你时，你都会出现在他们身边。

作为朋友，你要做自己该做的事情，例如，在没有其他任何动机的情况下打电话与他们保持联系，剪辑并通过电子邮件向他们发送他们可能会感兴趣的文章和故事，而且如果可能就获取一点个人信息。不要立即就抽出便签簿，然后开始询问诸如他们住在哪里、有几个孩子这样很深入的私人问题，这样可能会吓到他们。反正这些问题会吓到我。不要强迫对方和你成为朋友，采取开放的心态就好。你要想办法知道他们的生日是哪一天以及和工作相关的纪念日是哪一天。

这些问题不是太私密，而且对于新开始的友谊来说非常恰当。

关系一定要自然地按预定计划向前发展，因此你要保持开放的心态、做好准备、任其发展。不然的话，对他们来说，你将只是卖主，任何一位职业销售人员都会对此难以接受。

Be-策略 2：成为专家（Be an Expert）

向客户证明你的专业水准以及你对于他们行业的熟悉程度对于与客户培养友情来说大有裨益。你向客户提供的资源越多，你就会变得越发不可替代。

知识是使客户保持忠诚度的最终竞争优势。如果可能，尤其是对于那些你不能失去的客户来说，你要将自己融入他们的世界。你要订购、阅读他们自己公司的时事通讯、贸易出版物，而且如果可能，任何时候都要参加他们行业的重大活动。你和他们融入的程度越深，你对他们来说就越有价值。成为一个行业的专家也会带来附加利益，即随之增加的业务。让我来分享一下我成为一个人力资源行业专家的历程。

那是 1992 年，我以演讲为生已经有 6 个年头了。一天，我接到一位女士打来的电话，她在华盛顿哥伦比亚特区经营着一家人力资源公司，她希望我能在一次小型行业活动上做一次演讲。在一次成功演讲之后，她邀请我为她公司的销售人员工开展一些培训课。事情进展得非常顺利，该公司竟与我签订了一个为时两年的培训合约。在这两年内，我对该行业有了很好的了解，我竟然被邀请给该人力资源公司的大众出版物投稿子。看到我的文章后，就有好几家人力资源管理公司和协会给我打来了电话。

让我们迅速转回到当下，现在我作为人力资源行业的专家，做过数百场行业演讲，也给无数公司做过咨询顾问。尽管我拒绝了当任行业总经理的邀请！

在 1992 年之后的很多年当中，对人力资源公司的演讲都会占我全年演讲的半数。我不能说我一开始就想成为一个人事管理专家，但事实上我已经成为人事管理专家了。当然，我很高兴我成为了这样一位专家。

Be-策略 3：要忠诚（Be Loyal）

具有讽刺意味的是，我们在探讨能够让客户对我们保持忠诚度的方法，而客户不忠诚的两个主要原因恰恰就是销售人员自己的不忠诚和诚信的缺失。如果双方之间失去了对彼此的信任，那么没有什么比这更能毁灭一场关系了。

我们知道这对于私人关系来说也同样如此。一对夫妻可以经受很多挫折和失望之后依然在一起，但是信任危机却很难度过。商业关系也是如此。有时候我们会错误地以为信任在商业关系中不如在个人生活中那么重要，但只要以人为要素就一定如此。原因很简单，背景是公司建筑物还是私人住宅都不能改变两者里面均为人所住的事实。就像我反复在说的那样，规则同样适用。信任对于所有关系都非常关键！

那么销售人员会怎样失去客户的信任呢？其实，这可能会以任何的方式发生，但是最经常发生的情况会是通过以下两种方式。第一种是你不守信用。很多时候这种情况会稀里糊涂地出现。虽说你不是有意的，却和你有意要这样做的效果一样。例如，你约会迟到过吗？你是否不得不重新安排约会？你对客户说过善意的谎言吗？对于公司的政策或服务你是否夸大其辞过呢？你告诉过客户，你在中午之前就可回复，但却到下午很晚的时候才打电话给他们吗？所有这些都可吞噬信任，也可导致忠诚度降低。

为了强调信守承诺的重要性，你需要做的就是将其与个人情境相联系。如果有人第一次约会就迟到或者你必须重新安排约会，你会作何感想呢？如果有人告诉你她会在某个时间打电话但是数小时之后才打过来，你又会作何感想？你可能会说这些情况不尽相同，但并非如此。商业关系可能会更加宽容，但是人们的反应和最后的结果却是完全一样的。如果你想从你的客户那里获取诚实和忠诚，你必须首先给予他们诚实和忠诚！这让我想起了二重唱组合（我知道这暴露了我的真实年龄）所唱的一首歌，歌词是这样说的："亲爱的，如果你想让我向你靠近，那么请向我靠近。"在当时这是个很好的建议，现在也一样。

破坏信任的第二种方式就是缺失价格诚信。过去对于价格诚信的关注度不够，但是我相信这件事情比任何人所能意识到的都更加重要。如果你任意对不同的客户就同样的产品或服务收取不用的价格，这就违背了价格诚信。不幸的是，这种事情的发生司空见惯。这看似无害，也很易开脱，而且在大多数情况下，没人会发现这种做法。我甚至发现我自己也曾对一个客户收取一种费用，而对其他客户收取了另一种费用。

在这里，我最好再澄清一下。这样做的坏处并不是你有多重收费标准。只要你想，你可以使你的定价方案尽可能地复杂化。如果你不能一致地执行这些收费标准，那么这样做的弊端就出现了。几年前，当我不得不远距离出差的时候，我会选择收取更高的费用；离家越近，费用越低。我对于四个不同的时区收取不同的费用，只需开车就可到达的客户则执行特殊的费用标准。这一切都没有任何违背道德的地方。但是，如果我在同一时区或费用段对不同的客户收取不同的费用，那么问题就出现了。我或许可以设法对此作出解释，也许概率很小，但还是存在被客户发现并让客户感到自己被骗的风险。即使他们永远不会发现，我也已经违背了己所不欲勿施于人的黄金规则。这是不对的，也绝不是对待朋友的方式。

这样说来，难道我的意思是任何形式的谈判都对关系不利吗？当然不是。但如果你随意更改你的定价标准的话，就会带来不利之处。有一种可以避免这种定价难题的方法，那就是制定让步政策。你应该一直要设法保持执行定价一致，但是如果你需要向一个客户提供比另一个客户更低廉的价格的话，你要确保你每一次降低价格都要得到对应的让步。例如，如果你对一组工具的报价是 100 美元，但是客户仅愿意支付 80 美元，你可以同意 80 美元的价格，但是作为交换，他们也要做出相应的让步，以此你就可以保持价格诚信。他们可能会给你 10 项转介服务，但是这种情况下只能同意短期的服务；或者他们会给你价值 20 美元的在他们公司时事简讯上做产品宣传的便利。这样做的话，你就不是在随意打折扣，相反，你收取了全价，因为他们通过让步弥补了差额。谈判的规则应该一直都是这样的：当你做出让步时，你也要从对方那里获得相同价值的让步。你坚守了价格诚信，也永远不必担心其他客户会发现你给他们的价格比向其他人的高。

Be-策略 4：愿意做进一步努力（Be Willing to Go the Extra Mile）

随着时间的推移，几乎所有的关系中都会出现下面的情形。当我们开始把双方关系视为理所当然，并不再做那些增进伴侣间爱意的小事情时，浪漫就会消退了。私人关系中会发生这样的情形，商务领域也是如此。

在紧追一笔买卖的时候，销售人员很专注，状态也会达到最佳，但是一旦生意完成，他们好似就消失了。在这一章刚开始的时候我已经对此讨论过，但是生意完成后就减少对客户的关注的情况却时有发生。很多销售人员似乎不理解客户服务其实就是销售人员工作的一部分。我曾经无意中听到一位在财富 500 强公司供职的销售人员说，他不负责处理客户面临的疑难以及和客户有关的问题。他说这是客户服务部门的职责。

尽管我承认该公司设有客服部门就是为了帮助销售人员更加专注于销售工作，不至于使他们被太多与服务相关的事情缠身，但是任何与客户相关的事情对销售人员来说都非常重要！我所指责的不是销售人员将职责推就给客服的这种程序，而是这种态度。当客户开始觉得自己不受重视时，他们就会将目光转投他处。他们可以原谅销售人员在非情感方面犯的错误，但是如若客户在情感上对销售人员产生失望，则会使双方关系受损。

做进一步的努力有时候意味着需要花费时间去倾听，去让客户感受到他们的特殊性，这一切仅与感觉相关。进一步付出努力没有特定的规则，对于该怎么做也没有什么好的建议。每一个独一无二的客户和情境都应区别对待。付出这种努力通常也是自发性的。例如，你可以了解什么事情对客户来说重要，什么会让他们感到自己特殊，然后去付诸实践；你可以不采用固定模式的信函形式，而是给客户手写感谢信；你可以不定期地去拜访客户，即便只是问声好。起重要影响作用的通常只是微不足道的小事。

Be-策略 5：不要缺席（Be There）

任何会说“离别情更深”的人都对培养关系不甚了解。当然，偶尔脱离关系让自己休息一下也不错，但是在关系发展中任何长期的缺席都会对双方关系弊大于利。

人们生来需要他人的陪伴。客户也是人。判断你是否正在失去一个客户的最重要的信号就是，你是否已经很久没有从客户那里得到消息了？你们双方见面之后历经的时间长短与关系的牢固性以及关系是否受竞争对手的影响之间存在直接关联。

这并不是说你应该向客户铺天盖地地讲述你的需求。有时，止步不前和培养关系之间有非常明确的界限。就算你知道这之中的区别，也从其他人那里得到了提示，但常规的联系和及时的跟进还是不可替代的。换句话说，在关系中你不能缺席，要与客户保持沟通。而且，当你与客户在一起的时候，你要集中注意力。思绪不要游离，错失参与当下的机遇。当你思绪游离时，客户会发觉，这对双方关系来说极为不利。

因此，建立一场强有力的关系不是终点，而是一场持续的历程。销售是一个包含吸引客户和培养客户关系两方面的过程。吸引客户是为了做成一笔生意，得到一个客户；培养关系则是维持住已获得的客户，强化彼此之间的关系。培养关系，就像私人浪漫爱情一样，需要时间，而且永无终结。

CONTAGIOUS SELLING
销售情商箴言

1. 卓越的销售人员预期人们和自己做生意。他们预期产品会售出，而普通销售人员只是希望能将产品售出。这看似仅有细微区别，但实际区别很大。正是这种静默却明显的自信非常具有感染力，这也是一个促使生意成交、构建关系的潜意识的因素。
2. 销售人员往往把成交生意看作是生意之路上标志性的结束，而不是新道路的开始。生意的成交反而应该是销售人员从吸引客户向培养关系过渡的时候。
3. 以前和现在的客户都是新生意和转介服务的宝贵资源，更不用说维持现有的客户比获得新客户的成本要小得多。

4. 客户服务不是其他人的责任，而是销售人员的职责，而且在客户签署合约之后就开始了。
5. 但凡你想要尝试培育客户忠诚度，你就必须要与客户有超越购买交易之上的情感联系。
6. 谈判的规则应该一直都是这样的：当你做出让步时，你也要从对方那里获得相同价值的让步。你坚守了价格诚信，也永远不必担心其他客户会发现你给他们的价格比向其他人的高。
7. 吸引客户是为了做成一笔生意，得到一个客户；培养关系则是维持住已获得的客户，强化彼此之间的关系。培养关系，就像私人浪漫爱情一样，需要时间，而且永无终结。

09

在危机之中培养关系

CONTAGIOUS SELLING

HOW TO TURN A CONNECTION INTO A RELATIONSHIP THAT LASTS A LIFETIME

让我们面对这一事实，当太阳正好、每个人都爱你、天空中晴空万里的时候，建立彼此之间的关系是很容易的。但当事情出现差错时，情况就完全不同了。而在这变幻莫测的商界，事情总是有可能出现差错，而且也一定会有出现差错的时候。在这一章节，我们将会探讨当客户产生抱怨时如何继续推进关系向前发展以及如何避开关系发展道路中的障碍，因为这些障碍甚至可能会威胁到那些最牢固的关系。

有一件事情你可以确定无疑，那就是关系发展中一定会遇到问题，任何一种关系的存在都会历经某些挫折。有些时候，问题是由销售人员引发的，有时候问题是由某些人或某些其他事情造成的。无论如何，问题出现的时候，客户就会失望。然而，问题本身很少会使关系破灭，使关系破灭的几乎总是处理问题的方式。无效、不真诚的危机管理将会带来比危机本身更大的危害。对问题反应过度也是如此。这些过度反应非常不应该，因为问题只不过是机遇而已。

曾几何时，我们开始相信了这样一个错误的观点，那就是客户的问题和抱怨都是糟糕的。其实恰恰相反，大多数的抱怨和不满都是从来不会被客户表达出来的。如果它们一直不被表达出来，那么关系就会因此而疏远，当这种情况出现时销售人员往往会感到惊讶和困惑。

Lee Resource 公司所做的一项研究表明，对于每一个表达出不满的客户来说，相对应地会有 26 个其他客户有同样的抱怨，但这 26 个客户却保持了沉默。当然，这是一个会因行业不同而变化的平均数，但是即便是将保持沉默的人数减半，也依然是个很大的数据。

绝大多数客户都不会把内心的抱怨明确表达出来，这一事实应该让任何读到这则信息的销售或客户服务人员感到羞愧。这应该会从根本上改变我们处理客户抱怨的方式。不要再把问题和抱怨视为消极的、令人心烦意乱的事情，相反，应该以积极的态度看待它们，视其为机遇。如果毁灭关系的不是问题本身，如果大多数的问题和抱怨永远不会被销售人员知晓，那么我们能够听到客户将抱怨表达出来，将是多么难得的机遇。我们需要把会抱怨的人看得比金子还珍贵！

与那些我们经常可以得知其消息的客户相比，我们更多地把重点放在了那些我们从来不会得到任何消息的客户上面。我们认为那些直言不讳表达意见的客户很难伺候，也总是心生抱怨，但通常情况下我们的这种做法是错误的。当客户花费时间去抱怨的时候，他们是在潜意识地让我们知道他们很珍视双方之间的关系，并希望我们能有所补救。你或许很难看出他们的这种心理，因为他们的行为是出于受挫和失望。但是，如果他们根本就漠不关心的话，他们甚至都不会花费时间去抱怨。

我们知道这是事实，因为我们的私人关系也是如此。爱和恨并非完全对立，它们实际上是非常相似的情感。我们最关心的人也是最可能是让我们最失望的人。我们不关心的人是不会让我们失望的，因为彼此之间并不存在情感关联。另一方面，爱和关心的对立面是漠然。如果我们不会感到失望，那是因为我们根本就不在乎。因此，会愤怒和抱怨的客户才是真正在意双方关系的客户，而那些你从来不会收到他们任何消息的客户的态度却是中立的、无动于衷的。当然，你要一直努力促使每个关系向前发展，使这些态度漠然的客户在情感上能够有所投入，但是会抱怨投诉的客户始终都应该是我们工作的重中之重。

这些客户是我们不可错失的机遇。研究发现，当客户遇到问题，而问题又可以被妥善处理时，客户保持忠诚度的可能性会比他们从来不会遇到任何问题的时候高四倍。如果你可以快速、有效且专业地处理客户抱怨的话，这会比其他任何一个行为都更能促进关系向前发展。有效的危机管理会提高客户忠诚度，但是反之亦然。对抱怨的不良处理方式会滋生恨意，也会比其他任何一种行为都更快地导致关系走向终结。

处理客户抱怨的四个步骤

每个销售或客户服务人员最感兴趣就是想要确切地知道如何处理客户抱怨。我认为在接下来的章节中所描述的四个步骤将会化解客户愤怒并有效地处理大多数的问题情境。

步骤 1：说“谢谢”

第一步就是无论何时都要记得说“谢谢!”不管是多严重还是多轻微的抱怨，“谢谢!”都是应对任何客户抱怨首先应该说出口的话。这件事当然没那么简单，尤其是当你的客户在电话的另一端态度非常不友好的时候。然而，感谢他们的时候，一定要明确、真诚、坚定。你要感谢他们所带来的机会，你要感谢他们引起你对问题的注意，你要感谢他们让你有机会来解决他们的抱怨，以及他们愿意与你分享自己想法的这种好意。因为客户完全可以选择任何话都不说，直接越过，最终去和别人做生意。回应客户抱怨第一反应要说“谢谢!”的另一个原因是，这样回答会对当时的情形有所缓和，也会消除客户的一些担忧。

在26个客户中，仅有一个客户会表达出抱怨的一个主要原因是没有人喜欢对抗，客户知道对抗正是他们提出问题时的确会出现的局面。他们知道销售或客户服务人员一定会反驳，唯一的结果就是使危机升级。用一句真诚的感谢去回应他们的抱怨，就会立即消除他们的某些敌意。然而，不管说什么话，产生神奇魔力的不是所说的话，而是你说话的方式。一句不真诚的、单调机械的感谢将会适得其反，会让客户对自己的抱怨采取更加坚定的态度。

步骤2：承担问题

危机管理的第二步就是承担问题，并对所带来的麻烦道歉。这也意在消除他们的一些担忧，因为他们认为销售或客服人员一定会编造借口、掩盖错误、推卸责任。让他们从一开始就知道你会对整个问题有所担当，这种做法几乎立马就会起到乐观的效果。我曾目睹过客户在短短几秒钟之内整个态度发生了巨大变化。

这个步骤的关键就是和第1步要紧密相连，中间不要有任何中断。举个例子来说："鲍勃，非常感谢你让我注意到这个问题，让我有机会知道我可以做些什来补救。我对该问题可能已经给你带来的麻烦予以道歉。"这里你要注意到第一步和第二步之间没有任何的间断或犹豫。这两个步骤是两个独立的部分，但是在一定程度却又同时构成一个事先声明。同时你也要注意到这并不是一个私人道歉，而是一个专业道歉。你的意思并不是说你个人应该承担对问题的责任或者将事情的一切责任归咎于自身。你道歉仅仅是因为他们承受了问题所带来的不便。毕竟，要责怪的人可能不是你，也可能不是你的公司。这可能是他们自身的过错！

只有当问题确实是由你而起的时候，你才需要表达个人的歉意，这也是你唯一需要表达个人歉意的时候。如果是这样，说一句"我很抱歉。"也无妨。或者你可以对所带来的麻烦予以道歉。归咎责任或者设法弄清楚谁应承担责任是你能做的所有事情中最浪费时间、也是最有可能使危机升级的事情。客户不会关心究竟是谁的过错，他们只关心接下来会发生什么。在道歉之后，你可以弄清楚事情的原委，但是千万不要在盛怒之下当着客户的面这样做。

步骤 3：让客户尽情发泄

危机管理的第三步就是要允许客户完全"倒空他们的情绪垃圾桶"（dump their bucket），这经常被称为 DTB。这时你要让他们完全得以发泄。他们发泄的程度和他们是否愿意接受你的解决方法之间存在直接关系。即使这个过程可能很痛苦，但你让客户说得越多、发泄得越多，你就越有可能使事情得到和解。

尽管我将此列为第三步，DTB 也会在第一步出现。例如，有些客户会在你一拿起电话的时候就会启动尽情发泄模式。当这种情形发生时，就尽管让他们发泄吧，让他们把一切都说出来。这时你最不应该做的就是打断他们，跟他们说谢谢并为所带来的不便道歉。这些步骤可以在他们发泄完之后实施。而且，有些客户会很容易就发泄出来，也会自由发泄，但是有些客户却需要一点帮助才会发泄。你或许需要提问他们几个问题来鼓励他们发泄。例如，你可以这样说："请从一开始讲起，告诉我们所发生的一切，我会做些记录。"虽然这些话非常简单，但或许足以让他们开始发泄。他们何时会发泄真的不重要，重要的是他们要发泄出来。

抱怨都是带有情感和个人色彩的。它们从来都不是纯粹的，也从来没有逻辑性。它们会出现是因为人们觉得自己受到了轻视，感到失望。因此，你必须要以情感的方式而不是逻辑的方式去处理抱怨。讲道理、剖析事情哪里错了这些方式都是用逻辑去处理抱怨。设法使他们平静下来或者以愤怒回击愤怒的情况也是如此。你就让他们发泄好了。只有当他们充分发表完自己的意见之后，他们才会开始慢慢冷静下来，再度恢复理性的思考。

步骤 4：试图解决问题

处理危机的最后一步就是试图达成解决方案，不管解决方案可能会是什么。解决方案就是你告诉他们你接下来将会怎么做，或者更好的方式就是问问他们希望你接下来怎么做。

寻求解决方案时，一个可以让对方冷静的、能够安抚对方情绪的方式就是询问客户：“您认为怎样解决合理?”这是我最喜欢告诉大家的一个询问对方解决方案的方式。这时候你不是告诉他们你将要怎么做，而是征求他们的意见。毕竟，客户也只是在争取达到他们认为合理的做法。他们给出的回复75%的可能会让你一开始非常不愿意接受。但这是双赢。

解决问题很重要，不过更重要的是你要知道，客户需要的仅仅是有人能够听取他们的意见，让他们感觉自己很重要。征求他们的意见是达成愉快解决方案一个很棒的方法。这时，如果你能够现场把问题就地解决，那就及时解决。如果你能够做出某种让步，而且当时的情形也需要你这样做，那就这样去做。如果你不能现场就地解决问题，那也要立即让他们知晓，并告诉他们接下来你会为试图解决他们的事情做出哪些努力。

这是我为什么说“试图”的原因——因为解决方案可能不是你能直接控制的。你可能会需要其他人的批准或者介入。一定要记住，不管其他人是否必须要介入其中，你都要承认问题所在。作为试图达成解决方案的一部分，如果你不得不把客户转接给同事，为了避免这样会加深客户愤怒，以下的具体方式可供参考。

当客户发泄完，已经开始平静下来时，却发现自己提出的问题要被盲目地转接给另一个人来处理时，就会出现问题加剧和升级的情况，因为这样他们就必须把发泄的话重新再说一遍。更糟糕的是，他们被转接给他人时，收到的是某人的语音留言。当这种事情发生时，你通过倾听和让他们发泄所建立起来的所有好感和信任就都付诸东流了，你也又让他们有了对其他事情生气的正当理由。将客户转接给他人时，恰当的做法是，你要询问客户是否愿意等待，因为你连线其他人、并向对方充分地解释客户抱怨原因的过程需要时间（我们将会在这一章的后半部分介绍让客户等待的各种规则）。

你有责任代表客户跟你的同事简要说明一下客户的抱怨。永远都不要让你的客户再次向其他人重复他们自己的抱怨。

你将客户转接给其他人建立联系之前一定要确保这些人有时间、权利，而且也愿意介入其中。将客户转接给其他人超过一次以上绝对不是什么好事。如果你需要转接的人暂时无法接通，这种情形下你也不能要求客户回电话。如果可以，你要承担问题，并与你的同事一起跟进此事，然后由你给客户回电话，之后再重复上面的步骤。

对于你所说的一切事情，都要尽可能具体。模棱两可几乎总会带来进一步的问题。如果你告诉客户你会在中午之前给他们电话回复，你就要确保准时做到。如果你到中午的时候还没有得出答案，无论如何都要给客户打电话，并给他们一个他们会收到新回复的预估时间。尝试解决问题比解决方案本身更重要。客户希望也需要知道你不仅在乎他们的事情，而且和他们立场是一致的。有时候尽管问题不能得到解决，但是你的“尽力”就已足够让你继续赢得与客户的业务合作。

我意识到，遵循这四步并不会解决每一次危机。就像是关系一样，问题同样会非常复杂。但是我要说的是遵循这四步将会给予你一个规划，可以让你保持镇静和对局面的控制。承担问题并表示愿意倾听，即便最终没有达成互利的解决方案，你也能赢得客户的信任和信心。不是所有问题都可以通过深鞠一躬就能得到妥善解决，但是问题是否会导致关系破灭却完全取决于你处理问题的方式。

话虽如此，但是你最不希望的就是自己会成为客户投诉或失望的原因。在每天的日常业务中，不管何时出现问题，都会造成关系紧张。但是你或者你公司里的其他人，都不应该成为罪魁祸首。然而事实上，这却是经常发生的事情。销售或客户服务人员无意间做的事或者说的话都会造成关系紧张。尽管任何关系都是如此，但这是其他人最不能理解的。随处不经意间说的一个词或一句话都会困扰关系的发展。话语具有不可思议的力量，比其他任何东西都更能够推动关系向前发展或者使关系戛然而止。

最不该和客户讲的十句话

一直想要提到这个话题，我已经想出了我称之为“最不该和客户讲的十句话。”这十句话中，一些只适用于销售人员，一些只适用于客服代表，也有一两句适用于管理者，还有有几句对以上所有人员均适用。为了增加一点戏剧性的效果，我将以大卫·莱特曼（David Letterman）的风格倒叙说明。此刻，我是不是会听到鼓掌喝彩呢？

你不应该说的第十句最糟糕的话：“很抱歉，我能再问一下您叫什么名字吗？”

这句话暗示了两件事，而且两件事都同样糟糕。首先，这可能表示他们已经告诉过你他们的名字，但你却没记住；或者可能意味着他们从来没有告诉你，因为你压根就不屑于去问。如果你的注意力真的是放在构建关系而不是完成交易之上，第一件最重要的事就是要知道并且记住客户的名字！

你不应该说的第九句最糟糕的话："我将会尽快着手处理。"

这句话或许看似无伤大雅，但却是商务关系中很多误解产生的根源。罪魁祸首在于"尽快"（ASAP）。"尽快"的问题在于它没给出客户任何细节。这样就极有可能让客户误解并最终失望。"尽快"的意思是几分钟、几小时还是几天之内呢？上述任何一种情况都有可能，而且带有很高的主观性。改进的方法就是无论如何都一定要给客户一个可量化的时间范围，然后信守承诺。

你不应该说的第八句最糟糕的话："这不是我的错。"

你可能会在幕后与你的老板把事情的原委说明，但是你的客户对此并不关心。"这不是我的错"这句话只会使你看起来很小气、很自私。我之前已经说过，但是现在还要再次强调：客户并不关心是谁的责任，他们只关心你将会怎么去解决问题。

你不应该说的第七句最糟糕的话："请稍等。"

这句话和"尽快"很相似。它没有给出客户任何选择，也没告诉他们需要等多久。研究表明，如果客户没有被告知要等多久，等待仅仅 17 秒之后他们就会开始生气。如果要让客户等电话，妥善的方法应该这样说，"客户您好，为了找到答案，我需要请您等待一分钟，可以吗？或者我可以一分钟后给您回电话吗?”这会给出他们选择，也会让他们做出明智的决定，因为他们知道接下来会发生什么。如果你采取这个步骤，他们很有可能不会介意等待，因为这是他们自己的选择。然而，等待时间不要超过你告诉他们的时间长度。如果你说一分钟，为了不超出你所告诉他们的时间，你要确保使用煮蛋定时器。把客户需要等待的时间说得久一点但回复时间却比允诺时间快，总比说的时间较短而花费的时间却更长要好得多。换句话说，要适度承诺、超值服务。

你不应该说的第六句最糟糕的话：“你需要过会儿再打回来。”

这句简短的话存在太多不妥之处，我竟不知道该从哪说起。首先，你永远都不能把这个压力施加在他们身上。如果他们是你的客户，他们就是你的责任。他们其实无须做任何事，因为他们还可以做出其他选择。那句古话说得对：“如果你不愿意照管你的客户，会有其他人取而代之。”第二，这是一个带有高度情感色彩的肯定句。这句话听起来很无力，也很散漫，会使你的客户认为你并不是真的和他们站在一边。关系就是相互的，有时你需要不厌其烦地去处理对方的事情。

你不应该说的第五句最糟糕的话：“很抱歉，但是这是我们公司的政策。”

这或许是当下商界最大的替罪羊！“公司政策”是比其

他任何一个因素都更有可能导致关系毁灭的罪魁祸首。公司政策握在很多销售和客服人员手中，就好像是把一杆枪交到来自西部大荒原的执法悍将怀亚特·厄普（Wyatt Earp）手中一样。我猜这里我需要澄清一下，我并不是反对制定公司政策。公司需要有政策去实现平等管理，统一标准。我明白这一点。

然而，经常会有两个随之而来的内在问题：首先，这成了一个摆脱困难最简单的方法。当客户的投诉、事由或者请求变得难以承担或者在销售或客服人员看来好像非常无理时，最简单的出路就是寻求公司政策的保护。很多读到这个信息的人的反应可能是"好吧，那又怎样？这是一件好事。"尽管这是解决问题的一个很简单的出路，甚至也会为公司节省点资金，但是选取简单的方法，而不去为客户伸张不平总会破坏关系。

通过出售产品和服务来谋生的人和公司无疑都具有两面性，同时也有两个需要效忠的对象。是的，严格地讲，销售人员是受雇于他所在的公司，但是他们也在为自己的客户效劳。这经常是一种微妙的平衡行为。客户认为你在为他们效劳，因此当有问题出现时，他们至少可以期待你能够去为他们辩护。我相信为客户的利益代言是每个销售和客服人员的职责。这并不意味着你要自己解决每一个问题，也不意味着你要使自己面临被解雇的风险，但是你的客户绝对有权利去希望你可以投入情感，尽最大的努力去令他们满意。

躲在公司政策背后寻求保护所带来的第二个内在问题就是，这样做通常是很不明智的。虽然没有什么方法可以证实这点，但是我愿意打赌，90%的公司政策制定是为了保护公司不被利用。如果不是因为我们现在讨论的仅仅是冰山一角的话，这当然是合理的。保守估计，只有不到10%的客户在遇到问题时想要设法侥幸逃脱惩罚或者有不诚实的行为。大部分客户，而且是绝大多数，都是善良、正派、有道德和讲诚信的客户。他们不会想方设法地去钻体系的空子。当你只针对少数人去制定政策的时候，这些政策却总是会妨碍和亏待其他大多数人。

这就像是某人有过一段特别糟糕的个人关系，而你却要为其最终买单。这个人不想再被伤害，因此他或她会自我保护而不再去信任你。就因为他或她之前经历过的感情很糟糕，一场本可以很精彩的关系却没有机会发展。这伤害的仅仅是那个在做自我保护的人，而且这个循环会继续下去。在商界也是如此。当你因为之前客户的罪恶而严苛其他客户的时候，这会传递出不好的信息，也是一种不恰当的做法。一定要为大多数人制定政策，而不是为少数人！

你不应该说的第四句最糟糕的话："有什么问题吗?"

曾经多少次，有人——通常是经理或上级，一见到你就这么问？我脑海中的第一感觉就是："我没有问题，你有问题！"

这个问题不仅会使对方处于守势，而且这是一种非常粗鲁、缺乏教养的问法。销售和客服人员做的事、说的话往往会使客户抱怨升级，这让我们感到非常惊讶。"有什么问题吗？"这句话带有反抗意味，绝对不应该说出口，除非你根本就不在乎双方的关系。问客户"有什么问题吗？"或许会让你逞一时之强，但会使你输掉整个战争。

一个可遵循的很好的规则就是，计算一下一个有代表性的客户在你一生之中的价值。如果问题和矛盾与其可带来的价值相比没那么严重的话，那就要多谦逊一点，少反驳一点。得到一个新客户比维持一个现有客户的成本要高出五倍多，所以不要贪小便宜吃大亏。最好是使用平静的语言，而不要说煽动性的话，除非这个客户属于那些设法以某种方式来欺骗你的少数人。

你不应该说的第三句最糟糕的话："你有优惠券吗？"

这句话很糟糕，不是因为它字面的意思，而是因为其代表的含义。如果客户确实有优惠券，这样说好极了；但是如果他们没有，这样说就是在告诉他们，他们支付了比其他人多的金钱。

这并不代表我反对使用优惠券。我其实是优惠券的铁杆粉丝。我所不赞成的是这会让客户觉得自己受了不必要的轻视。所有人都理解优惠券的功能。那些热衷于优惠券、寻求打折的老手会节省几美元。但是，那些并不热衷优惠券的人也不想被提醒自己付的钱比别人要多。

“我们将会提供与任何竞争对手都一样的优惠券和价格。”这句话也同样不妥。因为这句话也暗示其他客户支付的价格可能更低。我认为这会带来不安和不信任，而且这真的不是什么好做法。接受他们的优惠券或者使价格保持与竞争对手一致的做法就是告诉市场，你和你的竞争者并无区别。不仅如此，询问客户是否有优惠券以便给他们省点钱的做法，对那些没有优惠券的客户来说，就好像是开了空头支票，却又告诉他们不能支取一样。如果他们有优惠券，这样问很棒。否则，不要提起。

你不应该说的第二句最糟糕的话：“如果客户停止打扰我，我可以完成更多的工作！”

实际上我引用的这句话，是我在一家财富 100 强公司的客服部无意间听到的。这句话无比愚蠢，所以也就一下跳到了这个列表的第二位。尽管我理解这种情绪，但是对任何公司来说，最可怕的噩梦就是客户不再打扰他们。不仅如此，任何销售或客服人员个人最可怕的噩梦也是客户不再打扰他们。

客户越是需要（和打扰）我们，我们的工作就越有保障。事实上，销售和客服人员应该衷心感谢每一位客户的来电和咨询，不论情形是好是坏。除此之外，别无他法。

你可能会说的最最糟糕的话："这不是我的分内事"或者"这不是我所在部门的职责。"

如果每说一次这样的话，我就可以得到一美元，那么我将会和唐纳德·特朗普（Donald Trump）一样富有！我来解释得更清楚一点：只要涉及客户，那这就是你的工作，事情就是这样。你也许需要其他人或者其他部门的介入，但是不管客户需要怎样的帮助，帮助他们就是你的责任。如果你要说"这不是我的分内事"，那你不妨直接告诉客户，你对他们的事情一点也不关心。这就是他们所听到的信息。他们听到的是冷漠，而冷漠是你在双方关系当中最不该犯的错误。

我之前已经对爱的对立面并不是恨做过讨论。爱和恨都是关心在乎的副产品。爱的对立面是冷漠和无动于衷。当一方或者双方都不再在乎彼此关系的时候，关系就走到尽头了。除非这是你的真实感觉，否则你是绝对不会希望对方认为你不在乎，而客户听到"这不是我的分内事。"时就会认为你并不在乎。

其实，我本可以轻而易举地列举 50 条无聊的事情，但是其中很多都可以归于以上的列表中。最重要的是你要一直要努力培养关系，避免任何会导致关系发展的势头偏离正轨的言谈举止。

问题会出现，但是如果你把问题看成是他们自身所带来的机遇，然后以得体谦逊的态度去处理，这样的话，关系就不会受到损害，反而会使关系会变得更加牢固。

CONTAGIOUS SELLING
销售情商箴言

1. 有一件事情你可以确定无疑，那就是关系发展中一定会遇到问题，任何一种关系的存在都会历经某些挫折。问题本身很少会使关系破灭，使关系破灭的总是处理问题的方式。
2. 让客户完全得以发泄。他们发泄的程度和他们是否愿意接受你的解决方法之间存在直接关系。即使这个过程可能很痛苦，但你让客户说得越多、发泄得越多，你就越有可能使事情得到和解。
3. 为客户的利益代言是每个销售和客服人员的职责。只要涉及客户，那这就是你的工作，事情就是这样。

10

成功客户关系中的 DNA：感染力

CONTAGIOUS SELLING

HOW TO TURN A CONNECTION INTO A RELATIONSHIP THAT LASTS A LIFETIME

真希望到目前你已经坚信所有成功的关系都会历经从吸引客户到培养客户关系的步骤和节奏，而核心成分是要具备感染力。具备感染力是 21 世纪的关系中必备的 DNA。

到目前为止，我们所有的关注点都集中一对一的关系上，然而，还存在超过两人以上共事的关系。

体制关系

还有其他三种关系对商业成功至关重要。它们是公司和大市场环境之间的关系、公司与其员工之间的关系以及员工与其雇主之间的关系。我将这三种关系称为体制关系，就如同在两人之间的关系中的作用一样，感染力在这三种关系中同样重要。这种广泛意义上的感染力可以通过以下原则获得，我将这种原则称为特立独行原则。

该原则指的是引人注目的概念。当我的孩子还小的时候，他们宁愿让自己的小脑袋被大蛇咬掉，也不愿让自己在人群中显得与众不同。然而，在商界，引人注目原则隐含的观点就是要独一无二，要真诚，要让别人注意到自己（以正面的方式），而且这也是非常值得去实现的。

特立独行这个词用在商界看起来有点奇怪，但是这个概念不会令人惊异。看看苹果公司与其客户，或者谷歌与其雇员之间的疯狂忠诚关系就知道了。据说客户为了能够在第一时间买到新的苹果产品，会甘愿连续排队数天，努力克服一切障碍；我还了解到有些人可以辞去高薪工作而甘心为谷歌免费打工。此外，我们也都知道有很多工作狂是如此深爱着他们所供职的公司。

打造体制关系中的特立独行风格

让我们一起来看一下体制关系背景下三种特立独行的风格，然后探究一下其相关原因以及如何逐个打造这种风格。

公司与市场之间的关系

尽管公司可以利用自身的很多特征、经历和策略在市场上建立起他们积极、特立独行的风格，但是在这里，我只会解释其中三项因素，然后着重探讨它们是如何影响感染力的。这三项因素是：声誉、品牌以及力量。

这三项中的任何一项均可独自成书，但我并不会对其中任何一项做充分论述，而是会把重点放在它们在联系市场中所发挥的作用上。所有这三项都是带有传奇色彩的品质，可以对关系产生巨大的影响。让我们从声誉说起。

声誉

声誉是把大伞，几乎所有其他的一切都被笼罩其下。传统观点一直认为，声誉要用一生的时间去树立，却可在顷刻间被摧毁。这种观点一部分是对的，一部分却是错的。关系肯定会因一次糟糕的交涉而在顷刻间被破坏。但是，声誉也可以在顷刻间恢复、建立或者强化。建立声誉或者改变声誉也不需要花费数年那么久。

21 世纪的商业发展速度比历史上任何时刻都要快得多。声誉会在眨眼之间发生变化，而且非常受个人因素的影响，它们会随着每一次的互动而发生浮动。每天都会发生赢得或者失去声誉的事情，在每次交易中也是如此，因为声誉现在与以前相比更加个人化。业务是个人化的，关系也是个人化的。由于声誉是仁者见仁智者见智的事情，因此公司有机会在每次与客户接触时塑造自身的声誉，展现自身的感染力。客服部门应该将自身看作是公关部门，守护自己公司的声誉。

我接下来会给出一手例证来证明声誉是何其牢固，又是何其脆弱。我与一家航空公司有一段长期的爱恨纠葛。我所要表达的我对这家航空公司所持的观点来自于我上一次搭乘该公司航班时的经历。有时候我会享受到该航空公司的贵宾待遇，我曾经享受过代理服务，他们会随时免费为我提供最新信息，而且在我需要的时候也会尽力帮助我重新选择路线。有一次，飞行员竟然返回了旅客舱，叫我的名字和我打招呼！但是其他时候，他们对待我就好像我坐在这个航班上对他们来说都是麻烦。曾经有一次，我的背包正好可以放到他们的小型行李柜中，但是当我登机后，他们竟然很粗鲁地从我手中把背包拿走，扔进了货运舱。代理人找我谈过话，情形就好像我是个罪犯，而他们是我的假释官。我对该航空公司的态度非常带有主观性，而且可以瞬间发生改变。并非只有我才会这样，大多数的客户都会表达出相同的观点。

和25年前的客户相比，如今的客户有很大不同。对服务的要求标准比以前更高了，如果没达到标准，客户就会给出负面反应。当一家航空公司对我服务不周时，我不会拳打脚踢，也不会大声尖叫，但是我会确保我的下一位听众听说这件事。

声誉是时刻都处在发展之中的事情。它们会因每一位客户、每一次互动而起起落落。你的声誉（和关系）的牢固程度仅仅取决于最后一次体验。你的感染力要么是以积极的方式发挥作用，要么就是以消极的方式发生作用。你的做法要么会提升自身的声誉，要么会对它有所损害。你的立场要么是积极的，要么是消极的。仅有非常少的互动是真正中立的。特立独行的风格也是把双刃剑。卓越的公司会认识到这一点，普通公司对此则并不知晓。

品牌

关于品牌建设有太多的噱头。每一家公司都应该有品牌，但是很少有公司知道品牌意味着什么。简单地说，拥有一个品牌就是拥有一个独特的、专属的身份。品牌会涉及到你是谁、什么造就了你的独特性，而且它能够有效地向市场传达这些相关的信息。我相信大多数的公司不会通过这项考验，但是那些能够通过这项考验的公司肯定会比其他公司更具感染力。

为了标识一个品牌，公司需要将下面的句子补充完整："我们可以从竞争中脱颖而出是因为我们是唯一一家________的公司。"而从核心意义上来讲，这就是特立独行原则。建立品牌的一个最基本的要素就是要确定公司所特有的做法、因素或者行为。任何可以使公司特立独行的事物都可以提供最大的机遇，也是打造品牌身份的开始。

特立独行的做法非常具有感染力。市场赞赏创新和独特，并会对此有所回报；对于那些仅仅跟随他人脚步的公司，市场也会给予惩罚。很多公司经常会犯跟从其他公司的致命错误，他们没有足够的勇气去利用那些会使他们变得独一无二的资源。

我知道我们不会把流行传奇人物艾尔顿·约翰（Elton John）当成一个品牌和营销专家，但是他曾在一首歌中写过这样一句歌词，这句歌词可以为希望建立具备感染力身份的公司提供现成的建议。这首歌叫《有人今晚拯救了我》（*Someone Saved My Life Tonight*），那句歌词是“因此省省你的力气，在只属于你的场地上驰骋吧。”我知道从这里提取商业智慧有点异乎寻常，但这确实是忠告。如果公司可以花费时间去找出自身的独特性，然后在大众中脱颖而出的话，那么他们就可以在专属于自己的疆域驰骋了。他们也会特别令人瞩目！

能量

理解声誉的脆弱性和建立品牌是创造体制感染力极佳的途径，但是如果公司所具有的能量不能达到当今客户极高的标准时，即便是这两者相加也会一文不值的。能量就是一家公司展示出来的力量。公司对市场反响触点的管理方式是展示公司能量最好的时机。触点指的就是公司有机会对客户施加影响的时刻。这就是体制关系中理论联系实际的地方。公司与其客户之间存在很多交叉点，但是主要的还是通过电话问候、网页和广告。我将逐一做简要介绍。

我不知道如何对我这句话予以量化，但是在我的经历中，99%的电话问候都不具有一点正能量。公司规定它们的员工要用毫无新意、僵化一致的方式去问候客户，而没有告诉他们触点是何等关键，因此导致公司错失了很多的机遇。人们接听电话的方式充分显示了该公司的文化以及其对客户的忠诚度。

一个具有感染力的电话问候是可以激发出火花的。它应该传递出激情、真诚以及提供服务的意愿。这并非易事，但是一旦成功，就可以成为打造特立独行风格的机遇。一个恰到好处的问候应该包括一声感谢、公司的名称、一句可以激发好奇心的话、接电话人的称呼以及所能提供的服务。开始和最后的部分都是很明显要说的，因为这些都是必须向来电者传达的信息。

可以激发好奇心的那句话，连同这句话的表达方式，才是公司特立独行之所在。构建好奇心的那句话就是能创造一点期待和兴奋感的陈述句。例如，“谢谢您致电 XYZ 公司，公司对待客户就像对待家人一样。我的名字是扎克·奥利弗(Zack Oliver)。我可以为您提供什么服务吗”。“公司对待客户就像对待家人一样”这句话会引发客户的好奇心，继而为双方建立一次积极的互动奠定基础。当然，说这句话的时候必须要流露出能量和真诚，不要听起来让人觉得僵硬。

同样，公司的网页设计也要能够激发客户的好奇心，令人感到兴奋；同时还要易于操作并充满正能量。我不是一个网站专家，所以不会在这方面花费太多的时间，但是我知道什么样的网页可以脱颖而出，什么样的网页则不会。你的网页是你可以打造自身特立独行风格的机会，所以一定要充分利用。

最后，任何广告也应遵循相同的规则。广告是宣传打造特立独行风格的最好方式。这不是一本有关广告宣传的书，但是我想说明白的一点是，所有这些触点都应该彼此保持一致。在广告宣传中，重要的不是你宣传的是什么，而是宣传的次数。重复和一致是任何有效的广告宣传的关键。如果每则广告中传递的信息都不一样，你将会减弱广告的有效性。然而，如果在每一则广告中你都强化了你的独特性，你获得回报的概率就会大大提升。

公司与其员工之间的关系

第二个打造特立独行风格的机会在于公司对待自己员工的方式。成功的公司深谙成功的秘诀：满意的员工总是可以转化为满意的客户。让我感到惊讶的是，竟然有那么多的公司似乎并不明白这一点。公司在销售、营销和客户服务方面花费了大量的时间、金钱和努力，但是他们却忘记了是谁在做销售、营销、提供服务。这非常不幸，因为员工对公司的感觉和客户对公司的感觉之间存在直接关联。这不足为奇。这一切都与关系相关，而所有的关系都和感觉相关，而感觉又会决定行动。

脱颖而出、提升员工士气的方式有无数种，但是我只会专注于介绍我认为最重要的方式，那就是教育。知识和动力不分彼此，它们紧密地联系在一起。人们掌握的知识越多，就会越有动力。人们掌握的知识越少，保持前进的动力时就越吃力。积极性越高的员工更乐观、精力更充沛，产出更高，而且最重要的是，这样的员工更具感染力！每一个公司最想做到的就是让员工满意，要想达到这一目标，没有比教育更好的方式了。据详细记录，投资教育的公司的员工流动性远远低于那些没在这方面投资的公司。

我认为，所有的公司都应该首先投身教育，其次才是他们自身的产业。可悲的是，太多情况下，教育都被当成是没有必要的奢侈品。当然，公司都想在教育方面投入更多，但是他们认为自己承担不起这些费用。但是我相信他们也不敢不重视教育。在我的职业生涯早期，我听到过一句我非常欣赏的话，这句话一直让我印象深刻："唯一比培训员工却失去员工更糟糕的事情就是不去培训员工但能留住他们!"

幸运的是，有很多无需高额费用可供公司选取的方式来帮助自己的员工深造。例如，公司可以创造学习图书馆。公司可以创建一个中心地带，专门存放书籍、旧的录音带和视频、CD 和 DVD 影片供员工免费登记借阅。提供这种资源证明了继续教育的重要性，但是充分利用这些资源的重任就落在了员工身上。为了促使这些资源能够被充分使用，你可以把它作为员工能够被继续雇用的考量之一。你也可以计算价值，并根据员工对学习资源的利用程度适当增加工资。我曾见证过这样成功实践的案例，我甚至也曾见过公司要求他们的员工就其所阅读的书籍给出口头报告。这样做会建立起展现技巧、自信以及整体的沟通技巧。它也可以激发自主学习的热情和能量。员工刚开始可能会抓狂，但是经过一段时间以后，他们最终会感激强迫学习带给他们的益处。

我并不相信你一个人就可以发展业务或者发展公司。但是我相信你可以使公司里的员工得到发展，员工得到发展之后，公司就发展了。销售和客服经理以及领导者最重要的工作就是使其手下的员工得到发展。

亚伯拉罕·林肯曾经说过："只有两件事情可以改变一个人的一生，那就是你阅读的书籍和你遇到的人。"这是一个极其深奥的真理。唯一可以真正改变一个人生活轨迹的事情是一个人获取的知识以及他所遇到的人带给他的机遇。从今天开始就要格外注重教育。它会吸引最顶尖的人才，也会成为一项在未来能够带来丰硕回报的投资。

员工与其雇主的关系

第三个也是最后一个打造特立独行风格的机会在于员工对于其雇主和工作会作何感想。作为一名员工，你可以通过成为领导者并且每天都保持自我激励的方式来引人注目。保持自我激励可以说是一个销售人员要习得的唯一最重要的技巧。我将其称为技巧是因为它可以通过学习来培养。如果你不能被激励并保持动力的话，那么任何事情都不会成功。因为这是一切成功的根本，所以值得进行深一步的探讨。

如果我们想要更清楚地了解如何保持动力，那么必须揭露出有关动力的三大谬论。

谬论 1　动力是一种效果，而不是一个原因

大多数人会错误地认为，动力是因为其他事情先发生才会产生。这句话错得不能再离谱了。动力是成功的一个原因，而不是一种成功之后的效果。动力总是发生在某些好事之前。动力总是先发生，并先于结果出现。

尽管有人会说动力会在结果之后出现，例如，在成交一笔大买卖之后。我将会予以反驳，因为这种情况极其稀少，如果这就是你的行为所遵循的哲学，那么你需要惊人的耐心！你可能会在成交了一笔大买卖之后感受到极大的动力，但是如果你事先未被激励，那么这样的大买卖的成交将会是凤毛麟角。你可以通过首先被激励，而后收获其带来的福利，以此来掌控自己的命运。

谬论 2　你不能控制动力

很多人认为动力是一种很抽象的东西，就像是夏日的习

习微风来无影去无踪。如果要相信这种观点，那么人们可能是会把动力看成了外在的或者超出我们控制的事物。但事实是，动力是内在的，而且是我们可以直接予以控制的。

动力是一种选择。例如，我们已经探讨过阅读和继续学习是如何促使你被激励并保持动力的。真的，这就是一种选择。如果你希望享受其带来的回报，你就必须选择这样做：与积极乐观的人交往也可以帮助你保持动力，这也是种选择；避免消极的自我对话和自我怀疑也可以帮助你保持动力；不要参与那些消极的闲谈，保持积极乐观、使用鼓舞且振奋人心的语言以及践行乐观主义都是选择。事实证明，练习可以提升自我价值感，促使整个体内释放胺多酚。胺多酚是脑下垂体分泌的可以促发幸福感和兴奋感的化学神经物质。所有这些都可以产生胺多酚，但是所有都需要进行选择。它们不会自发产生，行动创造动力。

事实上，我经常讨论采取行动改变想法的神奇力量。我们都听说过身心状况（psychosomatic conditions）。这些基本上都是心智的力量大于物质力量的结果。希腊单词 *psycho* 的意思是“心”，*soma* 的意思是“身体”。*psychosomatic* 的意思就是由内心而发的东西会影响到身体里。这不是一种虚构的状况，而是真实状况。但它是从内心开始的。同时我也相信身心状况，这恰好是身心状况的对立面。这就是要你通过首先采取行动来改变自己思考和感觉的方式。此时物质的力量大于心智的力量！如果你不喜欢自己所处的精神状态，那么你可以通过参与身体行动来改变这种状态。强迫自己去散散步。强迫自己去多打个电话或者再去拜访最后一位客户。这会让那些胺多酚在体内流动，而且会对你的感觉产生不可思议的影响。

谬论 3　动力只是空洞的事物

动力经常被称为一项“软技巧”。其隐含的意思是，即便它是一项技巧，也不是一项至关重要的技巧。这种想法是错误的，原因有两方面。第一，动力是一种技巧。技巧就是可以习得并在需要时可以加以利用的事物，而动力达到了这些标准。就像所有技巧一样，很多人天生就比其他人更易于拥有这些技巧。但是我也曾见过学着去被激励，去做那些他们不喜欢做的事情，以此来消除必须事先喜欢一件事才有动力去做这件事的错误观点。当然，如果有欲望在的话，变得有动力就会容易得多，但是即使没有欲望，动力也是可以通过学习获得的。

有的人会把软技巧定义为“一项不是太关键的技巧”，而把硬技巧定义为“复杂且关键的技巧”。我会竭尽全力对动力是种“软技巧”这种观点予以反驳。我认为，动力是最硬的技巧，动力也同样复杂关键。没有动力，其他任何技巧都不重要，从这个意义上说，动力是所有技巧的技巧。

如果一个外科医生很擅长做手术，但是无论如何都没有动力走进手术室，那么你想让他或她给你做手术吗？我相信你不会；如果一个运动员拥有一个人发挥最高水平所需要的一切天赋，而他或她却没有动力去参与运动，那么他们又能走多远呢？我相信不会太远；如果一个销售人员是地球上最有经验、最有天赋的销售人员，但没有动力去寻找并联络潜在客户，那他或她又会有多成功呢？我相信不会太成功。我想你应该明白我的意思了。动力才是所有技巧的鼻祖。如果你希望自己的任何付出都可以成功的话，你就必须有动力，而且要一开始就有动力。动力一点都不渺小，也不是一项软技巧。

在公司和市场、公司和员工以及员工和公司之间的关系中存在着无数可以创造特立独行风格的机遇以使公司可以脱颖而出。寻找这种机遇非常有必要，因为那样会使情形大不一样。

我们生活在一个到处充满竞争且竞争激烈的商业环境中。科技已经使得联络和建立真正的关系更加困难了。忠诚越来越罕见，买家也变得更加精明、更有经验，他们也可以接触到比以往更多的信息。想要有所作为并能从中脱颖而出也比以往任何时候都要更加艰难。庸庸碌碌的人比比皆是，而仅仅做到优秀也已经不够了。客户的期待值现在高得离谱。

为此，销售人员或者任何专业人士唯一的选择就是要成为一个“特立独行”的人。此外，我要加一句：这极其具有感染力！

CONTAGIOUS SELLING
销售情商箴言

1. 声誉是时刻都处在发展之中的事情。它们会因每一位客户、每一次互动而起起落落。你的声誉（和关系）的牢固程度仅仅取决于最后一次体验。你的感染力要么是以积极的方式发挥作用，要么就是以消极的方式发生作用。
2. 唯一可以真正改变一个人生活轨迹的事情是一个人获取的知识以及他所遇到的人带给他的机遇。
3. 保持自我激励可以说是一个销售人员要习得的最重要的技巧。
4. 动力是成功的一个原因，而不是一种成功之后的效果。动力总是先发生，并先于结果出现。

结语

做一个情商高的卓越销售人

CONTAGIOUS SELLING

HOW TO TURN A CONNECTION INTO A RELATIONSHIP THAT LASTS A LIFETIME

我承认我已经涉及了好多方面的问题，因为我是个讲求重点的人，所以请允许我再给大家留两点建议吧，我想借此来强调一下我在本书中所探讨的一切事情的重要性。我当然希望这本书可以从头到尾都派上用场，但是如果你只能记住很少的东西，那么请记住接下来我所说的。

所有的关系都是私人的， 因此都是充满情感的

每个人都理解私人、浪漫的关系是高度情绪化的，所以关系的发展也经常是不可预测的。然而，我们常常认为商业关系更加冷静、平衡。这样想就错了。人就是人，关系就是关系。

如果你无法从书中获益更多，只是明白了这样一个事实：你应该像对待私人关系一样看待商业关系。那么只要你明白了这一点，你就会受益匪浅。因为这两种关系很相似，而且顺序在其中都非常重要。如果你关心关系的进展的话，那么就不要违背关系本身的自然节奏和顺序。你不会刚见了

某个人几分钟就希望他或她和你结婚——那确实有点让人倒胃口。这样做很草率，而且非常不合时宜。这会让最有发展潜力的关系猛然间停止前进。销售人员在第一次见面握手之后就立即开始接近客户，这貌似完全可以让人接受（甚至是令人赞赏的），只要销售培训还在，这就是传统学院派所持的观点。但问题的实质是，这样做不合适，而且这也不是开启一段关系的良好方式。这样做非常不合时宜。

销售没有变化，但客户已经发生变化。21 世纪的客户是历史上最精明的客户。事实上，这个时代将被称为“消费者时代”。现在的客户不希望人们去向他们“兜售”东西，而是希望销售人员帮助他们更好地完成他们的工作。他们希望遇到值得信任的销售人员，他们希望销售人员和他们立场一致，能成为他们的生意伙伴；他们希望销售人员投入、忠诚，他们希望建立真正的、真诚的关系。但是他们不会说出来，因为那样的话就变得勉强，也不那么真实了。他们小心谨慎，就像在私人感情关系中双方都会由于害怕被伤害而不想太快付出自己的真感情一样。

商业关系可能会在很多方面有所不同，但是当涉及到人与人之间的交往时，关系的规则都是不变的。人们会依情感做决定，尽管他们可能会用逻辑去解释或证明自己的决定。销售人员太过重视有逻辑性的展示、数据、统计以及案例研究，却牺牲了与客户之间的真正联系。先与客户建立关系，然后才谈得上与客户做生意。人们都是情感动物，这不会仅仅因为是生意而改变。

人们愿意和自己喜欢的人做生意

这很简单，然而却不容易做到。作为一个销售人员，你的第一而且是唯一的工作就是让对方喜欢你。伎俩、技巧或者其他不真诚的战术都不会起作用，只有真正的情感才会起作用。你一定听说过这句古老的谚语："你销售的第一件商品是你自己。"这绝对百分之百正确！如果你的客户喜欢你，并且愿意与你做生意，那么细节就不那么重要了。你们将会发现彼此的共同利益，以此来达成交易。只要两个人想要一起合作，双方在逻辑方面的分歧是可以解决的。然而，如果你的客户不喜欢你，不想和你一起合作，那逻辑上的分歧就是不可逾越的。

你作为专业销售人员的工作再清晰不过了，那就是要与客户建立关系，使客户真正喜欢上你。如果你专注于关系构建，其他的一切自然会水到渠成。你作为销售人员的成功直接和你们的关系质量相关。让人们喜欢你并不容易，但这却可以把普通销售人员和卓越销售人员区分开来。

这让我想起了我在培训会上喜欢讲的一个笑话，这个笑话是关于关系难题的，它是这样的：

一个女士陪自己的丈夫去看医生。在她的丈夫做完检查之后，医生就把她单独叫到了办公室。医生说：“你的丈夫得了一种很严重的病，而且伴随着很大的压力。如果你不按照下面所说的去做，你的丈夫肯定会离世。”

“每天早上你都要给他准备好早餐。你态度要好，并要确保他心情好。午餐的话，要给他准备一份可以带到单位的营养餐。晚餐的时候，要为他准备一份尤其精美的晚餐。”

“不要让琐事成为他的负担，因为这会加重他的压力。不要和他讨论你遇到的问题，这只会让他的压力更加严重；晚上的时候要设法给你老公多做背部按摩，让他放松放松。”

“鼓励他在电视上看一些团队运动赛。最重要的是，一周要和你丈夫做几次爱，而且要满足他每一个稀奇古怪的想法。如果你在10个月到一年的时间内可以做到这些，我相信你的丈夫可以恢复健康。”

在回家的路上，丈夫问妻子，“医生怎么说的?”

“你就要死了。”她回答道。

要做就做具有感染力的卓越销售人

是谁说关系易处？各种关系都很艰难，而且21世纪的商业环境也很无情，但是如果你将注意力放在对方身上，那么好事就会发生。卓越的关系不能以任何代价为借口，也没有什么可以代替真正的关系，秘诀就是要有感染力！

具备感染力不是你要做的事情，而是你要成为这样的人。这是一种品质，不是一项技巧。当然，你可以做很多比其他人更有感染力的事情，我在这本书中已经写过。但是具有感染力是而且一直都应该是内在的品质。有感染力是你个人本身的附带品质。所有的关系，不论是私人关系还是商业关系，都是从摩擦出火花建立联系开始的。如果内心无火，就不可能有火花。心中的指示灯必须时刻亮着，这种内心的光明是感染力的源泉。它会从你的眼神中流露，从你的说话声中会被听出，从你的倾听方式中体现出来，从你与他人的握手中被感知，从你矫健的步伐中被看到。当你有感染力的时候，人们会注意到、感觉到，并会喜欢上你，想和你做生意。这就是你在当今世界应该采用营销的方式。秘诀不在于技巧和战术，而在于你。秘诀就是要有感染力，而这便是而且一直都会是使关系燃烧起来的火花。

译者后记

在接到这本书的翻译邀请时，我既兴奋又有点不安。兴奋是因为自己对营销学很感兴趣，可以借此机会进一步了解一些营销的技巧，领略一番营销大师的风采；不安是因为我担心自己在语言方面的积累和历练尚且不够，翻译的效果会差强人意，达不到自己和读者期待的水平。以前自己在阅读翻译作品时，常常会遇到翻译文字蹩脚而不知其所云的情况；同样，我也担心自己的译稿会让读者有这样的困扰。因此在阅读本书的过程中，如果大家觉得本书的翻译有任何不妥之处，敬请提出，笔者一定会虚心接受各方的建议。

在这个日新月异的时代，随着消费者选择的日益增加和技术的惊人进步，营销的难度也随之不断加大。在这种大背景下，《销售人的情商课》应运而生，作者以独特的视角提出了当今时代构建和维持客户关系方面的见解，而其中最重要的技巧就是要变得具备感染力。

在翻译这本书的过程中，让我印象最深的莫过于作者在商务关系和爱情关系之间所做的类比。这种类比新颖、有趣，容易让读者产生身临其境般的思考和体验。在这种切身的体验下，读者会自然而然明白自己营销过程中存在的问题，进而理解如何以有效的方法去解决问题。此外，作者用非常清晰的思路列举了自己在如何有效推介产品，如何与客户开启价格商谈，如何培养持久客户关系以及如何在危机之中拯救客户关系等方面的具体建议。作者的这些观点看似简单却一针见血，非常具有建设性。如果销售人员可以领略真谛并付诸实践，一定会取得意想不到的成功。

本书虽然看似通俗易懂，但是在翻译过程中我依然遇到了很多困难和疑惑。在修改译稿的过程中，我更加体会到注重细节与顾全大局同样重要。只有两者兼顾，才能保证译文流畅、自然、有逻辑性。此外，我深感自己中英文自由转换的能力非常有限，这不仅只是语言层面的问题，更深层面上是因为对中西方文化和思维差异的领悟尚且肤浅。如何将英文翻译成地道易懂且不失美感的中文其实是十分困难的，也是我日后会加倍努力的方向。在此，我十分感谢在我翻译和校对这本书时对我提供帮助和建议的各位朋友。我的朋友卢静、王文娟女士、陈琳先生和桂俊煜老师帮忙查阅了很多相关文献资料和书籍，也对译稿的修改了提出了自己的宝贵意见；此外，赵本森先生和冯扬扬在翻译过程中给予了我很大的精神鼓励和支持。特此感谢！

李真真

北京阅想时代文化发展有限责任公司为中国人民大学出版社有限公司下属的商业新知事业部，致力于经管类优秀出版物（外版书为主）的策划及出版，主要涉及经济管理、金融、投资理财、心理学、成功励志、生活等出版领域，下设“阅想 · 商业”、“阅想 · 财富”、“阅想 · 新知”、“阅想 · 心理”以及“阅想 · 生活”等多条产品线。致力于为国内商业人士提供涵盖先进、前沿的管理理念和思想的专业类图书和趋势类图书，同时也为满足商业人士的内心诉求，打造一系列提倡心理和生活健康的心理学图书和生活管理类图书。

阅想 · 商业

《打赢一场销售的战役：世界著名战役销售启示录》

- 全球销售研究泰斗、SPIN 销售法的提出者 Huthwaite 公司总裁倾力打造。
- 集军事战争史、SPIN 销售法于一身的跨界销售巨著。
- 基于历史上著名的战役实例，为广大销售人员提供了最佳的销售实践经验，让销售人员学会避免战争中的失败教训，获得销售实战的最佳武器。。

《白板式销售：视觉时代的颠覆性演示》（“商业与可视化”系列）

- 用一支笔的力量，终结 PPT 时代，开启视觉时代强大演示；
- 全球超过 20 多个国家、5 万多名专业销售人员都在用的销售利器

《鲜活的故事：一本书学会可视化演讲设计》（“商业与可视化”系列）

- 这是一本教你如何将复杂的事务简化为简单易懂的故事，并以可视化的方式呈现的书；
- 微软及多家世界知名企业都在推行的内部演讲培训方法；
- 以通俗易懂的语言、用可视化场景讲述能引起听众强烈共鸣的故事，将你心中想法的价值传递给他人。

《Eyeful 演讲实验室：超震憾可视化演讲设计教程》（“商业与可视化”系列）

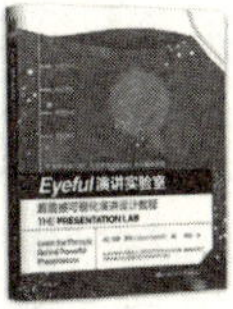

- 世界排名前三的演示咨询和设计公司 Eyeful Presentations 的演讲设计秘籍。
- 本书作者是 Eyeful 演讲公司创始人、国际知名演讲培训专家西蒙 · 莫顿，他将亲自展示如何做出颠覆传统与视觉的 PPT 演讲。

- 通过本书你将学会如何分析听众、搭建故事结构、组织信息、数据，形成丰富的内容，如何选择图像和视觉概念，如何为你的演讲选择合适的演讲方式、演示工具。
- 《Eyeful 演示实验室》将帮你成为像 TED 主讲人、乔布斯等一样优秀的演讲人。

《自媒体时代，我们该如何做营销》（“商业与可视化”系列）

- 亚马逊营销类图书排名第 1 位；
- 第一本将营销技巧可视化的图书，被誉为“中小微企业营销圣经”，亚马逊
- 2008 年年度十大商业畅销书《自媒体时代,我们该如何做营销》可视化版；
- 作者被《华尔街日报》誉为“营销怪杰”；第二作者乔斯琳 · 华莱士为知名
- 视觉设计师；
- 译者刘锐为锐营销创始人；
- 国内外诸多重磅作家推荐，如丹 · 罗姆、平克、营销魔术师刘克亚、全国
- 十大营销策划专家何丰源等。

《提问的艺术：为什么你该这样问》

- 一本风靡美国、影响无数人的神奇提问书。
- 雄踞亚马逊商业类图书排行榜 TOP100。
- 《一分钟经理人》作者肯•布兰佳和美国前总统克林顿新闻发言人迈克•迈克科瑞鼎力推荐。

《颠覆传统的 101 项商业实验》

- 一本会彻底颠覆你对商业的看法，挑战你的商业思维极限的书
- 教会你如何做才能弥补理论知识与商业实践之间的差距！

David A. Rich

Contagious Selling：How to Turn a Connection into a Relationship that Lasts a Lifetime

ISBN：978-0-07-179695-8

图书在版编目（CIP）数据

销售人的情商课：用感染力实现客户的成功转化率/（美）里奇著；李真真译．—北京：中国人民大学出版社，2016.1
ISBN 978-7-300-22141-0

Ⅰ.①销… Ⅱ.①里… ②李… Ⅲ.①销售方式 Ⅳ.①F713.3

中国版本图书馆 CIP 数据核字（2015）第 281580 号

销售人的情商课：用感染力实现客户的成功转化率
［美］大卫·里奇 著
李真真 译
Xiaoshouren de Qingshangke：Yong Ganranli Shixian Kehu de Chenggong Zhuanhualü

出版发行	中国人民大学出版社		
社　　址	北京中关村大街 31 号	**邮政编码**	100080
电　　话	010－62511242（总编室）		010－62511770（质管部）
	010－82501766（邮购部）		010－62514148（门市部）
	010－62515195（发行公司）		010－62515275（盗版举报）
网　　址	http://www.crup.com.cn		
	http://www.ttrnet.com（人大教研网）		
经　　销	新华书店		
印　　刷	北京东君印刷有限公司		
规　　格	145 mm×210 mm　32 开本	**版　　次**	2016 年 1 月第 1 版
印　　张	6.5　插页 1	**印　　次**	2017 年10月第 4 次印刷
字　　数	117 000	**定　　价**	45.00 元